謎解きアヴェロンの野生児

鈴木光太郎

新曜社

Remerciement

L'auteur remercie Claude Petit, Alain Venturini, Timothée Bordenave, Jean-François Dortier, Pierre Lançon, Ian Christopher Megill, et Thierry Gineste pour leur aide et leurs conseils précieux. Notamment, le docteur Gineste m'a prodigué tellement d'informations importantes sur Victor, ses contemporains et son temps, tout au long de la création du présent livre.

謎解き　アヴェロンの野生児　目次

装幀＝新曜社デザイン室

序章

図1　1970年公開のトリュフォーの映画『野性の少年』。
イタールの役はトリュフォー自身が演じた。映画の邦題は「野生」ではなく、「野性」である。
（Alamy Stock Photos）

南フランス。画家のロートレックの生まれ故郷、世界遺産の街アルビから、ミヨーへと県道999号線を車で走ること1時間。峠からつづらおりの道を一気に降りてゆくと、サンセルナンという街道村に逢着する。

1800年1月8日未明。暗く寒い朝だった。このサンセルナンの染色職人ヴィダルの家に、身元不明の少年が入り込んでいるのが発見される。少年は年の頃12歳ぐらい。1年で一番寒い季節だというのに、裸足で、ぼろぼろのシャツをまとっているだけだった。ヴィダルは、この少年に食べ物を与え、暖炉のそばで休ませた。少年に質問をしても、ことばは返ってこなかった。聾で唖なのかもしれなかった。

この村にいた郡委員のサンテステーヴは、このニュースを聞きつけ、すぐさまヴィダルの家に駆けつける。そこで目にしたのは、振る舞いが異様なくだんの少年である。その行動から、彼は少年が野生児だと直観する。彼は、少年を自宅に連れてゆき、2晩を過ごさせ、その後少年が逃げないように と、30キロ離れたサンタフリックの養護施設に少年を移し、このことを直接パリの中央政府に知らせた。

噂の火はパリでついた。発見から17日後、パリの新聞がこのニュースを報じた。中央政府もパリ市民も、南仏の田舎、アヴェロン県で見つかったこの野生児の話題でもちきりになった。

食指を動かしたのはパリの学者たちだった。パリでは、人間観察家協会という学会が立ち上がったところだった。協会にとって、野生児はまたとない食材だった。自然状態の人間とはどういうものかを知ることができるかもしれなかった。協会は早速内務大臣のリュシアン・ボナパルトにはたらきかけ、この野生児をパリに呼び寄せるよう要請した。これを受けて、リュシアンはアヴェロン県知事に少年をパリに移送するよう命令を下した。

少年はサンタフリックに3週間いて、アヴェロンの県庁所在地ロデスの中央学校に移された。しかし、県知事はリュシアンの命令にすぐには従わなかった。少年の親が名乗り出てくる可能性を言い訳に、命令をのらりくらりとかわし、少年は結局そこに6カ月いた。人間観察家協会は、野生児がなかなか送られてこないことに痺れを切らしていた。リュシアンは再度県知事に対し、少年を即刻移送するようにという強い口調の命令を下した。

7月20日、少年はロデスを発った。パリではみなが少年を待ちわびていた。8月6日の夜半、少年を乗せた馬車がパリに到着すると、街は祭りのような興奮と熱気に包まれた。少年の発見からすでに7カ月が経過していた。

少年は、人間観察家協会の会員であったシカールが校長をしていたパリ国立聾唖学校に収容され、その後協会の専門家の診断を受けた。彼を診たのは、精神科医のピネル、博物学者のキュヴィエといった錚々たる面々である。その診断は11月28日に開催された講演会のなかで報告された。それは、少年が野生児ではなく、治療の施しようのない重度の精神遅滞というものだった。

ピネルの講演を聞いた若き軍医、イタールは、この野生児に並々ならぬ関心を抱いた。折しも聾唖学校は校医を必要としていた。イタールは、1800年12月31日付で、軍医と兼務の形で、校医になることに成功する。彼は、この少年の教育に賭けてみることにした。

その教育の試みの途中経過は、翌年の8月26日に、人間観察家協会の講演会で発表された。ほとんど麻痺していた感覚機能は、訓練の結果、触覚・味覚・嗅覚で改善が見られ、世話をしてくれるゲラン夫人に愛着を示すようになった。この報告は印刷されて9月末に書店に並び、大きな反響を呼んだ。

イタールはその後もこの少年の教育を続け、その結果アルファベットを見分け、それらを並べて簡単な単語を作ることもできるようになった。またイタールが単語を見せると、その単語が示すものをもってくることもできるようになった。しかし、そこまでだった。というのは、思春期に入ると、強い感情の発作に襲われて、手に負えなくなり、教育するどころではなくなったからである。1805年、イタールは教育を断念した。

イタールは、この実験的教育の顛末について報告することは考えていなかったが、時の内務大臣シャンパニーが強くその報告を所望したため、1806年にその報告書を提出した。シャンパニーはこの報告の学術的価値を認め、翌年政府の刊行物として出版させた。これによって、この報告は多くの人々の読むところとなった。

青年期に入ったこの野生児は、その後も聾唖学校の校内にいて、ゲラン夫人の世話の下にあった。しかし、1811年、内務省と学校当局は、ほかの生徒への悪影響を考えて、彼らを学校から退去させ、近くの住居で暮らすことを提案した。ゲラン夫人はこれを受け入れた。

その後、イタールも含め、少年に関わる者はいなかった。1828年初め、ゲラン夫人に看取られ、かつての野生児は亡くなった。サンセルナンで発見されてから28年。40歳ほどになっていた。

以上がアヴェロンの野生児のあらましである。この子はヴィクトールとも呼ばれていた。

イタールの報告の陰で

イタールの1801年の報告（第一報告）と1806年の報告（第二報告）はその後1冊の本にまとめられ、特殊教育、児童精神医学、発達心理学の古典としていまも読まれ続けている（註1）。この2つの報告が読者の心をつかんで離さないのは、専門用語を使わずに、飾ることなく、しかし熱のこもった書き方をしているからである。とりわけ第二報告は、内務大臣シャンパニーに話すような書きぶりになっていて、イタールが直接話しかけてくるような印象を読者に与える。そしてこの第二報告は、実験的な特殊教育の悲しい挫折の記録でもあった。

アヴェロンの野生児についての小説や絵本も数多く出版されてきた。その下敷きにあるのはつねにこのイタールの報告だった。よく知られているのは、トリュフォーの映画『野性の少年』である（図1）。1970年に封切られたこの映画は、イタールの記録をほぼ忠実に淡々と追っていた。ロケも実際に野生児が収容されていたパリ聾唖学校の建物や庭で行なわれた。モノクロームの画面とバックに流れるヴィヴァルディの『ピッコロ協奏曲』がなんとも物悲しい情感を醸し出し、強い余韻を残さずにいない映画に仕上がっていた。イタールの役は、監督であるトリュフォー自身が演じた。

イタールの報告はこのように「古典」として不動の座を占めている。この威光のせいで見えなくなっているが、実はもうひとつの報告が存在する。イタール以前、より正確にはパリへ移送される前の2月から7月まで、少年はアヴェロンの県庁所在地ロデスの中央学校に収容され、博物学の教授であったボナテールの保護下におかれていた。その報告記録は小冊子として1800年9月に出版された。それは、この少年が発見・保護されてからの半年におよぶ重要な記録と言える。

ところが、この報告書がそのようにみなされることはなかった。パリでこの野生児に最初の医学的診断を下したピネルは、この報告を「とりあげるに値しないもの」と一蹴した。イタールも、この小冊子には目を通していたと思われるが、少年がロデス時代にはどうだったのかといった引用はほとんどない。パリという中央にいた彼らにとって、その報告は田舎者が書いた学術的に無価値な記録でしかなかった。

それを示すのは、イタールの第一報告の冒頭部分に書かれている少年のパリ到着のくだりである。そこには、少年を連れてきたのが「貧しくも尊敬に値する老人」とある。この老人とはボナテールのことである。しかし、ボナテールは、その時49歳、動植物の観察を専門にしてきた博物学者であり、「貧しい」「老人」などではなかった。

ボナテールの報告によれば、少年は、ロデスにいる6カ月のうちに、自分で着替え、食事の用意もできるようになっていたし、自分の欲求をまわりの人間に伝えることもできていた。しかし、パリ移送4カ月後に彼を担当するイタールの目のまえにいたのは、そのような子どもではまったくなかった。ことばはもちろん、なにもできない、無気力・無感動な、汚らしい「野生児」だった。

なぜこのような違いが生じたのだろうか？　それは、ひとことで言えば環境の変化だった。パリへの移送によって、少年は慣れ親しんだ人々や日常から引き離され、まったく違う環境へと放り込まれた。パリでは、聾唖学校にいる「野生児」を見ようという野次馬は引きもきらず、少年は動物園の檻のなかの珍獣のように、好奇の目と挑発的行為にさらされ続けた。しかも、少年は監督者からも聾唖学校の生徒たちからも日常的に虐待や折檻を受けていた。イタールが最初に会ったのは、そのような経験を経て変わりはてた少年だった。

いくつもの謎

この少年はいったいだれなのだろう？　どのような素性の子なのだろう？　捨てられたのだろうか？　そもそもほんとうに「野生児」なのだろうか？　なんらかの（あるいはどんな）障害をもっていたのだろうか？　どれぐらい長い間森のなかで生きてきたのだろうか？　零下10度以下になるラコーヌ山地の厳冬をどう乗り切っていたのだろうか？　なぜすぐにパリに移送されなかったのだろうか？　6カ月もロデスに留められていたのはなぜなのだろう？

それ以降の疑問もある。パリの聾唖学校への収容を熱烈に推し進めたのは校長のシカールだったが、このシカールはその熱が一気に冷めたかのように、少年に関わらなくなってしまう。なぜだろうか？そしてなぜ彼は少年の教育をイタールに託すのだろうか？　同じく、パリ市民も、野生児を迎え入れる時にはあれだけ熱狂したのに、数年後には見向きもしなくなる。なぜだろうか？　イタールもこの少年の教育を途中で断念し、その後彼には一切関わらなくなってしまう。なぜだろうか？　そしてその後、この野生児はどうなったのだろうか？

疑問はあげてゆくと、きりがないほどある。加えて、イタール自身についての疑問もある。彼は聾唖学校付きの医師になった時には見習い軍医として在職していたが、それ以前の経歴はほとんど知られていない。彼はどこで医学を学んだのだろう？　フランス革命の混乱の時期にあたっているとはいえ、なぜ自分の初期の経歴についてなにも語っていないのだろうか？　そして聾唖学校にいたにもかかわらず、なぜ少年に手話を教えなかったのだろうか?

なぜ1800年1月か?

そもそもなぜ野生児が現われて保護されるのが1800年の1月なのだろうか? この時代、フランスには浮浪児は山のようにいた。そのなかから、ひとりの浮浪児が突然「野生児」としてスポットライトを浴びるのである。なぜ彼か、なぜこの時なのか?

この2カ月前、ナポレオン・ボナパルトは、ブリュメールのクーデタによって統領政府を樹立し、第一統領として政治と軍事の実権を掌握した。そしてこの1カ月後(すなわち野生児の保護の1カ月前)、パリで60人ほどの学者たちが集まって人間観察家協会なるものを設立した。アヴェロンの野生児を舞台の上にあげたのは、この協会だった。この3つの出来事は、1799年11月、12月、1800年1月といったように、わずか2カ月のなかで起こっている。

シンクロはそれだけではない。終わりもまたそうである。1804年、人間観察家協会は解散消滅する。統領政治が終わりを告げて、ナポレオンが皇帝に即位するのもこの1804年である。この翌年の1805年、イタールは野生児の教育を断念する。この3つは、始まりと終わりが、時間的に符合する。この奇妙な符合はいったいなにを意味するのだろうか? ナポレオンと野生児はどうしても結びつかないように見えるが、どこでどう関係しているのだろうか?

謎は謎を呼ぶが

謎は尽きない。しかも謎が謎を呼ぶ。しかし、これらの謎をひとつひとつ解いてゆくと、これまでとは違った実像が浮かび上がる。本書では、その謎解きに挑んでみる。

1章では、少年に関して交わされた手紙とボナテールの報告をもとに、捕獲・保護されてからの7カ月間になにが起こったのかを見てゆく。そのなかで、この「野生児」がパリに「連れ去られる」以前にはどのような子だったのかを明らかにしよう。

2章では、少年が「野生児」としてパリでどのように待たれ、どのように歓迎されたのかを紹介する。そしてどのような子どもとして診断され、聾唖学校のなかで最初はどのようにあつかわれたのかを見てゆく。中心となる人物はシカールとピネルである。

3章では、謎の多いイタールの経歴について紹介する。その上でイタールがこの少年ヴィクトールをどう教育したのか、なににどの程度成功し、なにをどう期待し、どう失望したのかを見てゆく。そしてなぜ教育を断念したのかについて述べる。

4章では、人間観察家協会とその中心人物であったドジェランドが、この「野生児」を時代の寵児としてどう「演出」したのかを見てみる。そして3人の内務大臣がヴィクトールにどう関わったのかを紹介する。これは「アヴェロンの野生児」がこの時代の政治的・社会的・学問的背景と密接に関係していることを示すことになる。

5章では、自閉症や言語習得の臨界期の点からアヴェロンの野生児を考えてみる。現代版のヴィクトール、ジニーのケースを紹介し、その類似点と相違点を検討することで、ヴィクトールがどのような子だったのかを考えてみよう。

では、２２０年前に飛んで、謎解きの旅を始めてみよう。

1章　アヴェロン県、ロデス中央学校

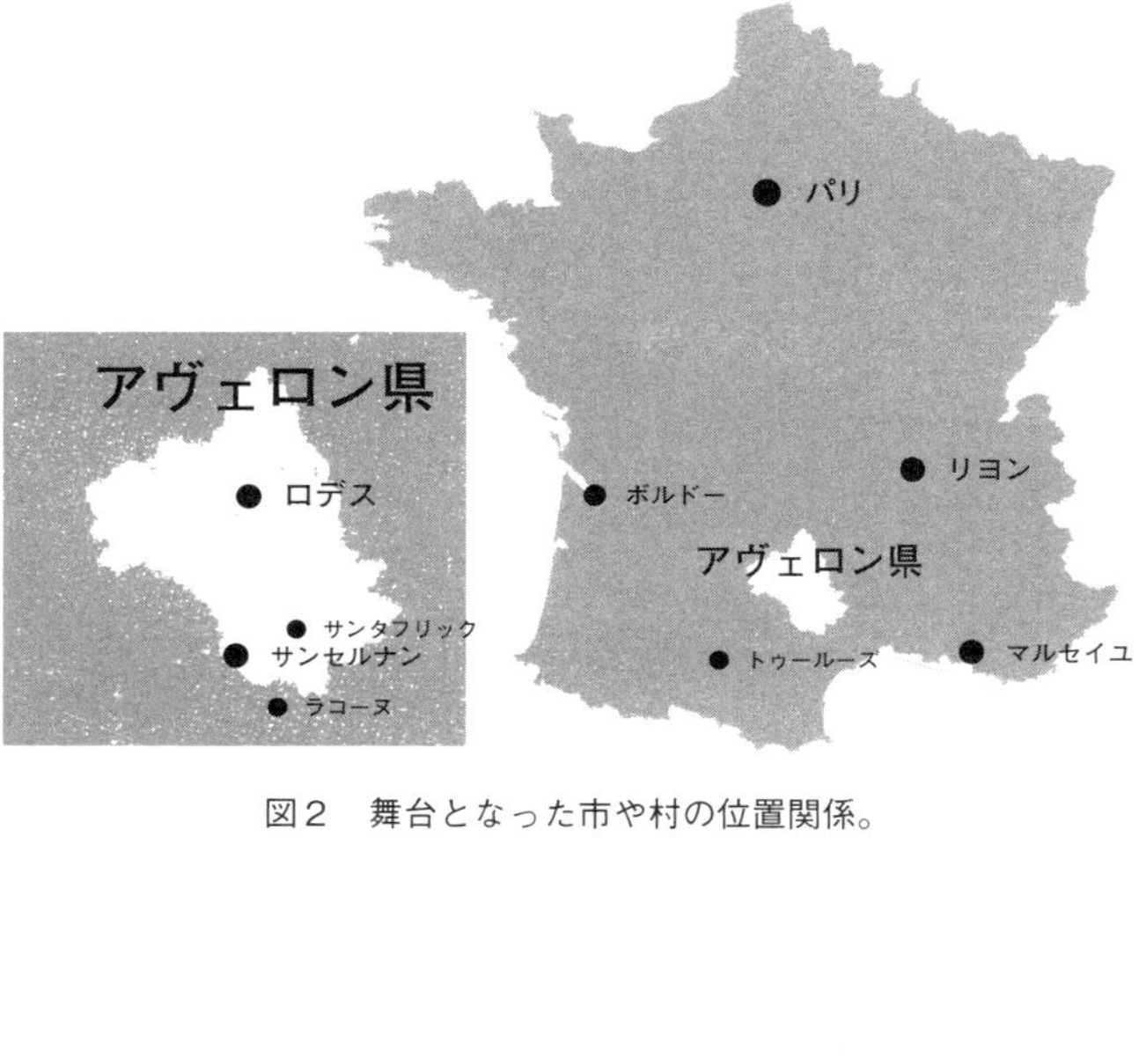

図2　舞台となった市や村の位置関係。

サンセルナン村以前

少年は1800年1月8日の朝に、アヴェロン県のサンセルナン村に現われ、保護された。しかし、発見・保護はこれが最初ではなかった。

最初に目撃されたのは、その2年9カ月前にさかのぼる。1797年3月末のこと、隣のタルン県のラバシーヌ峠付近の森のなかで、この少年に遭遇した人がいた。しかし、少年はすぐに逃げてしまった。少年がドングリを採っていたことから、人々はドングリの木の近くで待ち伏せることにした。待つこと数日、少年が現われ、捕獲にいったんは成功する。しかし結局は逃げられてしまう。

それから2年4カ月経った1799年7月中旬、ラコーヌ村の3人の猟師がその少年に遭遇した。彼らは少年を捕まえ、村に連れ帰った。彼は衣服を着せられ、村の寡婦の家に預けられた。彼は、ここで火の使い方を覚え、ジャガイモを煮たり焼いたりすることができるようになった。しかし、これが災いした。藁葺きの穀物倉庫に火をつけ、彼を世話していた寡婦の猛烈な怒りを買ってしまったのである。折檻を受けたあと、彼は森に戻った。しかし、おそらく方向を間違えたのだろう、戻った方向は、まえに暮らしていたラバシーヌの方角（西）ではなく、アヴェロン県寄りの北だった。

その後、ラコーヌの近隣の村々では、彼の姿が目撃されるようになる。森のなかで生活していたが、時には村に姿を現わして物乞いをし、食べ物をもらうこともあった。しかし、ひとつ所にとどまることはせず、村から村へと放浪して回っていた。

当時のフランスでは、親がだれかわからない子、あるいは親に捨てられた子はそこらじゅうにいた。驚くことに、1785年の孤児の数は4万人。1789年に始まるフランス革命による国内の混乱は、さらに多くの孤児を生み出し、１８０１年には6万人に達していた（当時のフランスの人口は２６００万人だった）（註2）。都市部の養護施設は孤児であふれかえり、そこに入れなかった孤児たちは、路傍で物乞いなどをして命をつなぐか、野垂れ死ぬしかなかった。孤児は、フランスの社会が抱える大問題になっていた。

したがって、身元不明の浮浪児という点では、ヴィクトールは珍しくもなんともなかった。彼のケースが特異なのは、ことばを喋ることも解することもできなかった点、何年間も深い森のなかで自力で生き延びたという点、標高１０００メートル近い場所で厳寒の冬を裸同然で乗り切っていたという点である。とはいえ、これらとても、彼の存在が大きなニュースになる理由にはならなかった。

１７９９年の12月から翌年の1月は、例年にないほどの厳冬だった。少年は県境を越え、タルン県からアヴェロン県に入っていた。しかしこの時、彼は県境を越えただけではなかった。１８００年という新たな時代にも足を踏み入れていた。

１８００年1月8日、サンセルナン村

サンセルナン村は、ラコーヌ村から直線距離で23キロ（註3）。１８００年の1月初め、少年はそこにいた。1月8日未明。夜はまだ明けきらなかった。少年は、村の中心から谷へと下りた染色職人ヴィダルの家に入り込み、ヴィダルに発見される（図3）（註4）。

ヴィダルは家からこの少年を追い出すことはせず、暖をとらせ、食べ物を与え、ぼろぼろになったシャツ（それは半年前に猟師たちが着せてやったシャツだった）しか身につけていなかったので、服

図3　少年が発見・保護されたサンセルナン村。左下に見える谷はランス川。ヴィダルの家は橋を渡ったあたり（左下隅）にあった。写真は20世紀初頭のもの。Archives départementales de l'Aveyron 所蔵。

を着せてやった。ヴィダルは少年に、どこから来たのか、なんという名前かを聞いたが、ことばは返ってこなかった。ことばがわからないようだった。耳が聞こえず、声も出ないのかもしれなかった。

ヴィダルが奇妙な子どもを保護しているというニュースは、すぐに村中に知れ渡った。郡委員のサンテステーヴもこれを聞きつけた。すぐさまヴィダルの家に駆けつけ、黒山の人だかりをかき分けると、そこには暖炉のそばに嬉しそうな表情をした少年が座っていた。

この時のことを記したサンテステーヴの手紙があるので、これをそのまま引用してみよう（註5）。これを読むと、発見当時の少年の様子がよくわかる。

少年は暖かな火のそばに嬉しそうに座っていました。おそらくまわりにたくさんの人がいるせいか、時折不安な様子を見せました。私は無言でしばらく少年を観察していましたが、話しかけてみて、すぐに少年が唖者だとわかりました。それから私は、声を大きくしたり低くしたりして、いろいろ質問をしてみましたが、少年からはなんの反応も返ってこないので、聾者に違いないと思いました。

私は、少年を私の家に連れてゆくことにしました。やさしく手を引きましたが、激しい抵抗にあいました。けれども、繰り返し撫でてやり、2度親しみを込めて微笑みながら抱きしめてやると、すぐに抵抗を止め、それからは私を信頼しているように見えました。

家に着いた時、腹が空いているようでしたので、食べ物を与えることにしました。家まで連れて来る途中で、ほかの人が教えてくれたのは、その子が根やほかの野菜を生で食べるということでした。これを確認するためと食べ物の好みを知るために、大きな皿の上に、生肉と煮た肉、ライ麦パンと小麦パン、リンゴ、ナシ、ブドウ、クルミ、クリの実、ドングリ、ジャガイモ、白ニンジン、それにミカンを並べて、彼に差し出してみました。彼は、自信ありげにジャガイモをつかむと、火の真ん中に放り込んで焼きました。ほかの食べ物は、ひとつずつつかむと、匂いを嗅いでみましたが、食べはしませんでした。そこで私は、使用人にジャガイモをたくさんもってこさせました。彼は、その山を見て喜び、両手でつかむと火に放り込みました。少しして、燃えている石炭のなかから右手でジャガイモをつかみだし、火傷するほど熱いまま食べたのです。少し冷ましてから食べさせようとしても、言うことを聞きませんでした。焼けるような熱さを感じて、発音の不明瞭な鋭い声をあげて痛みを表現しましたが、不満を言っているふうではありませんでした。喉が渇くと、視線を右往左往させ、水差しを見つけると、無言のまま私の手をとり、水差しのところに連れてゆき、左手で水差しを叩いて、水が飲みたいということを示しました。ブドウ酒を出してみましたが、一顧だにせず、すぐに水を飲ませてくれないことに苛立ちを示しました。

簡素な食事が済むと、少年は立ち上がって、逃げ出そうと入口に向かって走り出しました。私がいくら叫んでも止まらず、捕まえるのに一苦労しました。連れ戻されても、嫌だというしぐさも、嬉しいというしぐさも示しませんでした。私はすでに、この不幸な存在に強い関心を抱くようになっていました。パンや肉を嫌うこと、ジャガイモが好物であること、差し出されたドングリを見た時に、そしてそれを手に持っている時に示す一種の喜びの感情、時折、野外に出ることができないことに不満気な様子を示すこと。これらのことから、私は、この子がかなり幼い頃から森のなかで、社会的欲求や社会的習慣とは無関係の状態で暮らしてきたと判断しました。

ラコーヌでは、この子の存在は一部の村人には知られていたものの、県境を越えたサンセルナンでは知る者はいなかった。サンセルナンの村人にとっては、突然どこからともなく現われた奇妙な子だった。しかも、厳冬だというのに、裸同然だった。

サンテステーヴのこの文章は、この子の奇妙さを伝えている。すなわち、少年はことばを喋らないどころか、音にまったく反応しなかった。聾唖に違いなかった。ジャガイモやドングリを好み、なぜかジャガイモは自分で焼いて食べた。半裸だったことやその行動の端々から、この子が森のなかで長い間暮らしてきたことがうかがえた。サンテステーヴは、この子が浮浪児や知的に障害のある子などではなく、社会から隔絶された状態で、すなわち「野生」状態で暮らしてきたと判断した。

パリへの通報

サンテステーヴは、本来ならまずは県の担当者に報告すべきところを、そこを省《はぶ》いて直接中央政府にこのことを伝えた。というのも、彼には中央との強いパイプがあったからである。しかも、この一件が緊急で重要だということを強調していた。発見された少年が野生状態で生きてきたようだということ、ことばがまったくできないということ、さらにはこの少年がパリの国立聾唖学校の有名なシカール校長の関心を引くだろうということまで書いていた。

この手紙と同時に、サンテステーヴは、サンセルナンから30キロ離れたサンタフリックの養護施設に少年を送致するという手続きをとった。ひとつには、物見高い野次馬から少年を遠ざけるため。もうひとつには、パリから指示があるまで、少年が逃亡しないように監視してもらうためである。1月10日、少年はサンタフリックの養護施設に護送された。

少年を託されたのは施設長のヌーゲロルである。彼は、この「野生児」が送られてくるや、自分たちがこの特別な子を任せられていることをほかの人間に知らせたくてたまらなくなった。ヌーゲロルは、1月11日付で、パリの新聞『ジュルナル・ド・デバ』にあててこの「野生児」について投書をした(註6)。その投書は1月25日付の紙面に掲載され、パリ市民の知るところとなる。アヴェロン県で野生児を発見・捕獲！　そのニュースは６００キロ離れた首都で沸き立った。

実は、アヴェロン県で起こった重要な事件や出来事を中央に知らせる役目を担っていたのは、中央委員のランドンだった。ところが、彼はこの一件をまったく知らされていなかった。それを知ったのは、みながしている噂によってだった。当然、彼は怒った。

ランドンはサンテステーヴに、このような重要なことをなぜ自分に知らせなかったのかという叱責の手紙を書いた(註7)。彼は、ことばを喋らない浮浪児というだけでどうして「野生児」と言えるのか、それを確認することなく、直接中央に知らせるとはどういうことかと詰問した。これに対して、サンテステーヴは、少年について十分な情報収集をしてからランドンに知らせようと思っていたと申し開きをした。

実は、この2人は立場上微妙な関係にあった。2人は同年齢で(この時43歳)、どちらもこの地域(一方はサンセルナン郡、もう一方はアヴェロン県)を監視する立場にあった。サンテステーヴは、サンセルナン出身で、長じてからパリに出て政治に関わったが、この時には故郷に戻っていた。中央政府には知人も多く、中央とは強いコネクションがあった。いわばこの村の名士であり、自分の村に重要な事件が起こったら、それを中央に知らせるのは自分の責務だと思っていた。一方、ランドンは、アヴェロン県担当の中央委員を務めていた。当然ながら、彼は、ものごとが自分の知らないところで中央と直結する形で進んでいることに我慢ならなかった。

この時、ランドンのもとをある人物が訪れた。ロデスにある中央学校の博物学の教授、ボナテールである。ボナテールは、この「野生児」に学術的な興味を抱いていることを熱く語り、次の措置が決まるまでこの子を中央学校の自分のもとで預かり、野次馬から遠ざけて保護するとともに、学術的な観察を行ないたい旨を申し出た。

ランドンにとって、これは渡りに船だった。ランドンは、少年をサンタフリックの養護施設におくよりは、アヴェロンの県庁所在地ロデス（つまり自分の膝下）で、学識ある中央学校の教授の監督下におくのがもっとも至当と判断した。これは結局、中央に野生児の存在を知らせて手柄を得ようと考えていたサンテステーヴの思惑を阻止することにもなった。

ほんとうに「野生児」か？

もしサンテステーヴがこの少年を「野生児」として即座に中央に通報しなければ、またヌーゲロルが抜け駆けするようにパリの大新聞に投書しなければ、少年は「野生児」として歴史に残ることもなかったろう。おそらく、重い知的障害をもった孤児として施設に入れられて、話は終わっていただろう。

この少年を「野生児」とみなしたのはサンテステーヴの炯眼《けいがん》である。ことばがまったくできず（つまり「文明化」されておらず）、森のなかでずっと暮らしてきたらしいことから、彼は少年を「野生児」と判断した。しかし、皮肉な見方をするなら、彼がそうみなさなければ、そしてそのことを通報しなければ、少年が問題になることはなかったはずである。少年は、彼によって「野生児」として「事件化」されたとも言える。直接中央に知らせたということも、それが確信犯的行為であることを示している。

この少年はほんとうに「野生児」なのだろうか？　前述のように、ランドンはそう考えることに懐疑的だった。ランドンは、その少年が以前に隣県のタルン県で捕まったことがあるという噂を耳にし、タルン県の県知事にあてて、そのことについて情報を入手すべく、すぐに照会の手紙を出している。

発見当時の少年の様子について記した先ほどのサンテステーヴの文章に戻って、考えてみよう。少年は「暖炉のそばに嬉しそうに座って」いた。なぜ「嬉しそう」だったのだろうか？　時折不安そうな素振りを見せることはあったにしても、怯えていたり、警戒していたりはしなかった。なぜだろうか？　しかも、自分の欲求を示すために、サンテステーヴの手をとって水差しのところまで行き、水差しを叩いている。これがはたして「野生児」だろうか？

『アヴェロンの野生児――禁じられた実験』の著者、ロジャー・シャタック（註8）は、これについて、サンセルナンに来る以前、少年がラコーヌ周辺の村々に入り込み、村人たちに慣れていたからだと推測している。すなわち、少年は必ずしも「野生」とは言えないというのである（註9）。

後述するように、中央へのサンテステーヴの通報に応えて、アヴェロン県には、内務大臣のリュシアン・ボナパルトから2月1日付で、その「野生児」をパリに移送せよという指令が送られてくる。この指令に対して、県の担当者は次のように答えている（註10）。

少年がほんとうの野生児でないのは明らかなように思われます。親に捨てられて、森のなかでひとりで生きていたというところでしょうか。噂されていること、博物学者のボナテール教授が観察したこと、そして私たち自身がこの目で見たことのなかにも、食い違いがいくつもありますので、どんな子でどんな習性をもっているかにはまだ疑問があります。…（中略）…驚くような話として通っていますが、それには誇張や無知が入り混じっているかもしれませんので、慎重になる必要があるように思われます。

県の担当者はこのように少年を「野生児」だとは思っていなかった。しかし、サンテステーヴとヌーゲロルが中央に向けて発信した「野生児」発見のニュースはすでにフランス国内をひとり歩きし始めてしまっていた。担当者は、これらの文のあとで、親が名乗り出てくる可能性もあることをほのめかしながら、リュシアンに、少年に関する十分な情報を収集する時間的猶予を与えてくれるよう懇願した。

サンタフリック、養護施設での生活

少年は2月初めまでの24日間、サンタフリックの養護施設で待機して過ごした。ここでの彼の様子はどうだったのだろう?

養護施設を定期的に訪れたサンタフリックの郡委員ギローは、2月2日付で行政府にあてた手紙のなかで、少年の様子を次のように報告している(註11)。すなわち、到着当初、少年は怯えきっており、自分の自由にならないと、それを邪魔している者に容赦なく噛みついた。最初は服を着るのも靴を履くのも、またベッドに寝るのも嫌がったし、だれとも視線を合わせようとしなかった。困ったのは排泄である。便意を催すと、ところかまわず排泄した。

このような「野生児」的な特徴がある一方で、ギローは次のような性質もあげている。すなわち、撫でてやったり、抱きしめてやったりすると、おとなしくなり、身を任せた。くすぐると笑ったが、その笑い顔は魅力的で可愛らしかった。動作が優雅に見えたり、表情が聡明そうに見えることもあった。

このほかにギローがとくに注目したことがあった。それは、縄をもってこの子に近づくと、捕まりやすいように自分から両手を差し出したことである。ギローは、この反応から、少年が過去に何度も縄で縛られ、ひどいあつかわれ方をされたことがあったと推測した。

サンタフリックを去る頃には、少年は施設内の環境にも慣れ、ベッドで白いシーツにくるまって寝るようになっていた。唖だと思われていたのに、自分から声をあげるようにもなっていた。

1800年2月4日、ロデス

2月4日午後3時、少年は馬車に半日揺られ、サンタフリックから県都のロデスに到着した。ロデスでは、野生児到着のニュースを聞いて、おびただしい数の群衆が少年を待っていた。少年は、群衆に驚き怯え、自分に近づきすぎた者には容赦なく噛みついた。

慣れつつあった養護施設の環境から引き離され、別の環境へと変わったことで、少年は退行を示した。サンタフリックでやっと身についた習慣はほとんど消え去ってしまった。新たな人間たちに慣れて日常生活を送れるようになるには、また振り出しから始める必要があった。

少年は、もちろん生徒としてではなく、ボナテールの観察対象として学校のなかにいた。学校の建物はこの少年を外の群衆から守ってくれた。当初はパリ移送までの一時預りのはずだったが、滞在は1週間になり、2週間になり、1カ月になった。そしてそれは最終的に半年になった。

少年のロデス到着とほぼ時を同じくして、中央からは少年を要求する手紙が届いた。それは、人間観察家協会の書記のジョフレからのものだった。野生児の研究は、学問的にきわめて重要であり、協会が責任をもつので、いま保護している少年を直ちにパリへ移送してほしいというものだった。その手紙には、協会の会員で、聾唖教育の専門家、パリ国立聾唖学校の校長シカールが少年に対して研究と教育を行なう予定だということも書かれていた。サンテステーヴが中央に送った手紙のなかで名指しした通り、シカールその人に少年を任せるというのである。

次にこの手紙を追いかけるように届いたのが、内務大臣リュシアン・ボナパルトからの手紙だった。リュシアンは、新聞で野生児発見のニュースを知り、好奇心を掻き立てられた。その時に、友人であった人間観察家協会のドジェランドから、内務大臣の権限でこの野生児をパリに呼び寄せてほしいという要請があった。リュシアンは、自分の興味もあって、直ちに少年をパリに移送するようアヴェロン県に命令を下した。しかも、手紙は2月1日付と2日付の2通。念押しの2通目は、その命令の緊急性を物語っていた(註12)。

ロデスの中央学校とボナテール

少年が収容されたロデスの中央学校とはどのようなところだったのだろう？　そして彼を任されたボナテールとは？　彼は博物学の教授ではあったが、はたして、ピネルに「とりあげるに値しないもの」と評される程度の報告を書く人間だったのだろうか？

中央学校は、フランス革命中の1795年に、理想主義的な教育理念にもとづいて、主要都市や県

図4　ロデスの中央学校として使われていた建物。その後一部は改築。『昆虫記』のファーブルもこの建物で学んだ。

庁所在地に設けられた中等・高等学校である（図4）。ただし、この教育制度は1802年に廃止されている。8年しか続かなかった学校である。

ロデスの中央学校の建物は、フランス革命が起こるまでイエズス会の学校として使われていた（註13）。大講堂や図書室を備え、長さ80メートルの回廊をもつ見事なものだった。少年は日中をこの広い学校のなかで過ごした。

ボナテールは中央学校の博物学の教授であると同時に、聖職者でもあった（図5）（註14）。したがって、正式に呼ぶなら、ボナテール神父である。彼は、1751年、アヴェロン県のサンジュニエス・ドルトに医者の息子として生まれた。72年にロデスの神学校に入学。79年神父となり、アヴェロン県のある小さな村の教会の助任司祭を命じられる。しかし、博物学の道に進みたいというかねてからの想いが日増しに強くなり、助任司祭をわずか数カ月務めただけで、学問の都パリに出た。パリでは、フェヌロンの著作集の編集に勤しみ、『百科全書』執筆者のドーバントンや博物学の権威ビュフォンとも親交を結んだ。

『百科全書』は１７５１年から７２年までに全28巻が刊行され、新たなる知の普及（すなわち啓蒙）に空前の成功を収めた。パリの出版業者、パンクークは、『百科全書』を拡張した後継のシリーズとして『系統的百科全書』を企画した。このシリーズは、１７８２年から刊行が開始され、１８３２年までに２１０巻が刊行された。この姉妹編として刊行されたのが『系統的百科図鑑』である。動物、植物、鉱物をあつかったこの百科図鑑シリーズは、１７８８年から刊行が開始され、９２年まで刊行された。ボナテールは、このうち鳥類、爬虫類、両生類、魚類など

図５　ボナテールの肖像。故郷のサンジュニエス・ドルトの村役場に飾られている。Tap（1997）より。

の分類と記述を担当した。彼の執筆した分量は、図版ページも含めると2000ページを超え、この図鑑を執筆するなかで25種の新種の魚も発見している。ある『百科全書』研究者は、ボナテールを『百科全書』以上に新たな知見を導入したと高く評価しているほどだ（註15）。

1789年に始まるフランス革命は、キリスト教会の解体の革命でもあった。1790年に、聖職者民事基本法が制定され、教会は国家のものとなった。聖職者は国家公務員となり、国家と法に従うという宣誓を強いられた。ほとんどの聖職者は最初は宣誓を拒否したものの、弾圧は一気に強まり、多くの宣誓拒否者が殺害されたり、流刑地である南米のフランス領ギアナに流されたりした。

聖職者でもあったボナテールは、パリにいることに身の危険を感じ、1792年、故郷サンジュニエスに戻って身を隠した。94年9月に聖職者民事基本法は廃止され、宣誓拒否者への弾圧も終わりを告げた。彼は、サンジュニエスの教育委員会の委員として公職に就いた。その後96年にロデスの植物園の設立に関わり、97年5月に中央学校の博物学の教授に就任した。

少年の外見

少年はどんな子だったのだろう？　見かけはどうだったのだろう？　ボナテールは、その報告『アヴェロンの野生児等に関する歴史的概略』のなかで次のように記している（註16）。

この子は、見かけはほかの子どもとどくに違うところはない。身長は136センチで、12歳か13歳ぐらいに見える。

肌は白くきめ細かで、顔は丸い。目の色は黒く、奥目で、まつげが長い。髪は栗毛で、鼻は長く、少し尖っている。口は平均的で、丸い顎をしている。端正な顔立ちをしており、笑顔には愛嬌がある。舌はよく動き、奇形は見当たらない。下顎の歯は、歯茎がむき出しで、根元が黄ばんでいる。

身体全体が傷跡だらけである。多くは火傷でできたもののようだ。顔の傷は、右の眉の上にひとつ、右の頬の中央にひとつある。顎にも、左の頬にもひとつずつある。

頭を反らすと、気管の上端あたり、ちょうど声門のところに41ミリの長さの古傷が見られる。なにか鋭利な刃物で切られてできた傷のようだ。この子を森に連れて行ったあと、非道な人間が、この子の失踪をより確実で完全なものにするために、殺人用の刃物を彼に向けたのかもしれない。

彼の左腕全体、すなわち肩甲骨と上腕骨が合わさるあたりから前腕の中央にかけて、6つの大きな傷跡が見られる。右側の肩甲骨に近い肩の部分には小さい傷痕が数カ所あり、また同じ側の鼠径部にも大きい傷痕がひとつある。さらに恥丘の上に2、3カ所、両脚や左の尻にも数カ所あり、そのうちひとつは円形をしていて深い傷痕である。

これらの多数の傷痕は、ひどい扱いをされたことや殺されそうになったことを示す明確な証拠とまでは言えないにしても、少なくとも、彼が森のなかで生活している間、衣服をまったく身につけていなかったこと、したがって彼の身体が動物の攻撃や植物の鋭い棘や岩の尖端や深い藪に対してまったく無防備で、傷ついた可能性があることを示している。

これらの傷痕はひどいものだが、基本的には外的奇形は見当たらない。右膝が内転し、脚は外転しているため、歩行は安定せずふらついているが、これはおそらく、これまで経験した湿気と酷寒によるリ

図６　アヴェロンの野生児、ヴィクトール。イタールの第一報告（1801）の扉のページを飾る肖像画の拡大図（註17）。ボナテールが報告しているように、右の眉の上と頬の中央に傷がある。首の上部、声門付近にも深い切り傷の痕が見える。

ウマチ性疾患のせいだろう。

座っている時、また食事の時も、彼は喉からくぐもった声を発した。座っている時には、身体を左右前後に揺すった。この時には頭を上げ、口を閉じ、あごを出し、宙を見つめていた。この姿勢で、彼は時々痙攣発作を起こすことがあった。このことは、神経系に異常があることをうかがわせた。

前述のギローも書いていたように、見かけはふつうの子だった（図６）。しかし、体には多数の傷痕があった。これが森のなかの生活だけによるものなのかどうかは判断のしようがないが、しかし刃物によると思われる首の傷痕は、人の手によるものに違いない。また、癲癇発作が見られたことから、脳に異常があったこともうかがえる。

少年の日常

ボナテールは基本的に、少年を教育するという姿勢はとらなかった。彼は次のように書いている。「森のなかでこの子が身につけた種類の生活習慣を急に改めさせるというのは、おそらくすべきではなかった。あまりに突然の変化は、破壊的に作用するか、あるいは少なくとも彼の健康を損なうおそれがあった。彼には自由にその気性と好みのままにさせることにした」。

ボナテールは、中央学校での少年の日常を次のように記している。

ロデスに滞在中、彼は乾燥した住居で寝起きした。部屋の窓は、彼がガラスを割ったため、布が張られていた。彼は、藁の束が敷きつめられたベッドの上で、布のシーツにくるまって寝た。このシーツは薄かったが、冬の間も寒がることはなかった。私は、手で彼の腕や脚に触ってみて、つねにほんのりと温かさを感じたので、彼が寒くないことを確認できた。また私は、彼が休息する時には、両手を握って目にあて、膝を折って、そこに顔をもっていくことにも気づいた。

眠りはとても浅く、ドアを少し揺らしただけでも、目が覚めた。南風が吹く夜には、彼が時折大笑いをし、苦しみや喜びとは異なるなんとも表現できない声をあげるのが聞こえた。

彼はいつも夜明けに目が覚め、そのあと座ったまま、頭からすっぽりシーツにくるまり、時に体を揺すり、食事の時間までまどろみを繰り返した。朝のこの時間はいわば遊びの時間のようで、彼は起きて来ることも、部屋から出て来ることもなかった。

遅くとも9時には、部屋のドアが開けられ、世話役の部屋に行った。朝食後は、寒い時には、1時間ほどサルのように膝を抱えてうずくまって体を温めてから、自分の部屋に戻り、昼食までの時間をそこで過ごした。

昼食後には時々、彼を散歩に連れ出すことがあった。冬は、火のそばにいた。…（中略）…おやつのあと、莢をむくべきインゲン豆がない時には、部屋に引っ込み、藁の上に横になってシーツにくるまり、体を揺すっているか、あるいは夕方の6時まで眠るかした。…（中略）…就寝の時間が来ると、なにものも彼を引きとめることができなかった。彼は燭台を手にとり、部屋の鍵を指差した。彼に従うのを拒んだりしようものなら、怒りの発作が始まった。

冬の間の彼の衣服は、シャツ、カルマニョール服［訳註　南フランス起源の広襟で短い上着］、膝までのペチコートであった。冬の間中も、頭も足もむき出しだった。寝る時は、昼間着ていた衣服を脱いで、夜用のものに着替えた。

このような生活は、彼の発達と健康にとって好ましいように見える。ロデスにいるうちに、彼はかなり成長した。体が丈夫になり、かかったのはしつこい風邪と軽い体の不調だけだった。

サンタフリックから到着した頃、彼は用便がしたい時には、ところかまわずにした。現在は、必要に迫られた時には、ドアを開けてほしいというしぐさをし、開けてやると、外に出て、中庭やしかるべき場所に行く。

サンテステーヴが書いていたように、彼がヴィダルの家に駆けつけた時に、少年は火のそばに嬉しそうに座っていた。ロデスでも、冬場は（2月と3月のことだろう）、少年は火のそばにいるのを好んだ。

火の存在はつねに彼に心地よさをもたらした。手を盛んに動かして喜びを表現し、大声で笑い、暖かさをよく感じるためにペチコートをベルトのところまでまくり上げた。人から大声で「そんなことしちゃだめ！」と言われると、すぐにペチコートを膝まで下げるが、少し経つとそれをまたまくり上げた。

暖まることに対する彼の強い欲求と、火のそばにいる時に彼が示す喜びから、私は、この少年が、私たちにとってさえ厳しい冬の間中真っ裸の状態で生活していたというのが信じられなかった。私は、それほどの酷寒に耐えた人間が、どうすれば熱の作用にも敏感になりうるのかを想像できなかった。しかし、次のような実験を行なってみて、この疑問は解決された。ある夕方、寒暖計の温度が零下4度まで下がった時、私は少年を裸にしてみたが、彼は服を脱いだことがうれしそうだった。それから彼を外へ連れ出すふりをした。彼の手を引いて長い廊下をいくつも通り抜け、中央学校の正面玄関に出た。彼は、外に出ることに少しも躊躇しないどころか、ドアから外へ出ようとして私をグイグイ引っ張った。このことから私は、次の2つが両立するという結論に達した。すなわち、彼は寒いのが平気であると同時に、火のそばで暖まるのも好きなのだ。イヌやネコなどにもこのような傾向があることは、みなの知るところである。

食べ物に対する執着

食べることへの少年の執着は尋常ではなかった。その執着はある意味知的とも言える「機敏な」行動をとらせていた。彼が火の使い方を覚え、ジャガイモを煮たり焼いたりするというのは、その1例である。以下に紹介するように、人の目を盗んで食べ物をとる、余った食べ物を土中に隠すというのも、そうである。もちろん、食へのこうした執着がなければ、森のなかで自力で生き延びることはできなかったろう。ボナテールが書いているエピソードをそのまま引用してみよう。なかでもインゲン豆の莢むきのくだりは印象的である。

食べ物に対するこうした絶え間ない欲求は、まわりにあるものと彼の結びつきを強め、ある程度の知性を育てている。ロデスに滞在中、彼のした唯一の仕事はインゲン豆の莢をむくことで、経験のある人と同じように能率的にやってのけた。これらの豆が自分の食事にいつも出るとわかっていたため、干した豆の茎の束が目につくとすぐに鍋を取りにいった。仕事をする時は部屋の真ん中に陣取り、必要な道具をできるだけ便利な位置に並べた。鍋は自分の右に、豆の茎は左に置き、信じがたいほどの器用さで、莢を次々と開けていった。かびの生えたのや端の黒くなっているのをよけて、いい豆だけを鍋に入れた。ひとつでも豆が横へ飛ぶと、探しては拾い上げ、ほかの豆と一緒にした。空になった莢は自分のそばにきちんと積み重ねた。仕事をし終えると、鍋のなかへ水を入れ火にかけたが、その火は彼が乾いた豆の莢でおこしたものであった。火が燃え尽きると、シャベルを持ってきてクレール［中央学校の用務員］に渡したが、これは燃えている石炭を近所からもらって来てくれという合図であった。鍋が沸騰してくると、すぐ食べたいという様子を示した。そして生煮えの豆を自分の皿によそわないと承知せず、よそうとそれを貪るように食べた。

彼は、ジャガイモ入りのスープを食べたい時には、一番大きそうなジャガイモをいくつか選んで、台所で最初に目にした人間にもって行き、包丁を差し出して、切ってもらった。次にフライパンをとりに行き、食用油の入った戸棚を指し示した。

3月中旬に、彼にソーセージを与えたところ、彼はいつものように嗅いでみてから、貪るように食べた。翌日、少年のいるところで食事をしていたアヴェロンの補助部隊の指揮官が、皿の上の大きなソーセージから切りとった一切れを彼に示して、とりに来るよう合図した。彼は、その申し出を受け入れて近づくと、左手で、指揮官の手のなかの一切れをとり、同時に右手で、皿にあったソーセージの残りを器用にとった。

田舎の生活が彼にどのような印象を与えるのかを見るために、私はロデスから少し離れたオランのロダ氏のところに彼を連れて行ったことがある。彼を歓迎すべく、インゲン豆、ジャガイモ、クリとクルミが用意されていた。食べ物がたくさんあることが彼を大いに喜ばせた。彼は、まわりの人間たちに目もくれずに、インゲン豆をつかんで鍋のなかに放り込み、そこに水を注いで、それを火のところにもっていった。シャベルを使って炭火を広げると、そこにジャガイモを放り込み、ロダ氏の妹を自分のそばに引き止め、料理をするのを手伝わせた。待っている間に、彼はクルミとクリの実をもらった。まもなくジャガイモとインゲン豆が食べられるようになり、お腹いっぱい食べると、残ったものはペチコートに入れて、庭に出ると、食べ物がない時に備えて動物がするように、それらを土のなかに埋めて隠した。おそらくは、必要な時にそれらを取り出せるようにと考えてのことだった。

しばらくまえから、台所に入った時には、急いで炉やかまどのところに行き、火のまわりにおかれたすべての壺を点検するのが習慣になっている。蓋を次々と開けてみて、肉入りのスープを見つけた時には、そこにパンを浸し、それをそのまま口にもっていった。しかし、この食いしんぼの行為は、世話をしている女性から厳しく止められたので、彼は、その監視の目を逃れようとし、彼女がほかの仕事に注意を逸らす瞬間をねらって、パンを壺に浸した。私はある日に、彼が気づかれることなく、6回そうするのを見たことがあった。

少年は7月20日から18日をかけてパリに移送されたが、その際にも、食べ物にはとくに気を配る必要があった。

パリまでの旅の際には、私たちは、用心して、リュックサックのなかに、少量ではあるが、ライ麦パン、ジャガイモ、インゲン豆とクルミを入れていた。これは、宿屋にこれらの食料がおいていない時のことを考えたためと、すぐに出発しなければならなくなって、料理の時間がないことも考えたためである。少年は、リュックに自分の食べ物が入っていることを知っていたので、リュックにはとくに注意を払っていた。座っている時には、つねにそれを自分のそばにおいた。馬車を乗り換える時、あるいは馬車が宿屋に着いた時には、彼はドアのまえで止まり、もっとも愛着のあるそのリュックのあとからでないと、なかに入ろうとしなかった。

少年は、まわりの者に愛着をもつことはほとんどなかった。それに近いものが見られたとしても、それは食べ物を介してだった。ボナテールは次のように書いている。

彼の愛情は限られている。彼が愛情を示す人はおらず、だれに対しても愛着をもっていない。もし彼が自分を世話してくれる人になんらかの好みを示すことがあっても、それは要求の表現であって、感謝の感情の表われではない。彼がその人に付き従うのは、その人が彼の要求を満たすよう、そして彼の食欲を満足させるよう努めるからである。

聴覚の異常と言語能力の欠如

食べ物に関しては、嗅覚や味覚も鋭かった。自分に合った食べ物かどうかは、つねに匂いを嗅いで判断していた。特定の食べ物に対する徹底した嫌悪も、過去に類似の食べ物を食べて具合が悪くなったことがあったからなのだろう。

聴覚も食べ物については同様だった。自分に向けられた呼びかけには、もちろん質問にも、まったく反応を示さなかったのに、食べ物に関係する音はそうではなかった。ボナテールの観察を見てみよう。

もっとも鋭い叫びも、もっともハーモニアスな楽器の音色も、彼の聴覚にはなんの効果も与えなかった。あるいは少なくとも、彼にはそれらが感じられないようだった。近くで音がしても、それが聞こえているという素振りは見られなかった。しかし、好物の食べ物が入っている戸棚を開けた時や、背後で彼の大好きなクルミを割った時には、それらの音は、ただちに聴覚器官をとらえ、それらの食べ物をとるために、音のした方向に顔を向けた。

自分のまわりで急に音がした場合には、「定位反応」といって、その音の方向に（意図せずとも）目や顔を向けるか、あるいは少なくともなんらかの身体的変化が見られるのがふつうである。ところが、少年は、言語音にも、楽器の音にも、叫びにもそうした定位反応を示さなかった。にもかかわらず、食べ物に関係する特定の音に対してだけは定位反応を示した。

発声についてはどうだったろうか？　ボナテールは次のように述べている。

実のところ、彼は、自分の要求を伝えるために、人間社会に入ってから覚えたわずかな身振り（要求を満たすことを可能にする手段）を用いたが、話す能力をまったく欠いており、叫びや不明瞭な音声しか発することができなかった。それは、発声器官の奇形なのかもしれないし、声門近くに負った傷のせいなのかもしれない。しかし、かつて彼が喋っていたことがあったとしても、ほかの人間とのコミュニケーションのない状態で長期間過ごしてきたために、ことばを使うという能力が失われてしまったのだろう。

ことばを発しないということについても、発声器官の異常のせいなのか、言語環境からの長期の隔離のせいなのか、それとももともと知的な発達遅滞をもっていたからなのか、さまざまな可能性が考えられる。ただ、ことばを使わずとも、自分のしてもらいたいことをその行動によって相手に伝えることはできた。

なぜボナテールの報告は評価されなかったのか？

このボナテールの報告は、１８００年の6月末頃にロデスで主要部分が書かれ、少年のパリ移送時に仕上げられた。９月にパンクーク社（『百科全書』や『系統的百科図鑑』の出版元）から出版され、書店に並んだ。

この冊子は50ページ。前半では、これまでに発見された野生児の11の事例（たとえば１６６１年にリトアニアの森でクマと一緒にいるところを発見された少年や、１７３１年にシャンパーニュのシャロンで発見された少女など）についての報告に言及し、後半でアヴェロンの野生児について述べている。その内容を反映して、冊子のタイトルは『アヴェロンの野生児等に関する歴史的概略』。したがって、アヴェロンの野生児以外のケースについても言及していた。

前述のように（そして2章でも触れるように）、精神医学の権威ピネルは、この報告を「とりあげるに値しないもの」と評した。ピネルは、人間観察家協会でのこの少年についての報告のなかで、次のように記している。「ここでは、ボナテールの報告について論議はしないことにする。この博物学者がとった比較の対象が、十分に詳細な細部と、不確かさを払拭できるだけの正確さをもって伝えられていないからである。それらは、事典や新聞、文学作品から採ってきた曖昧な概略でしかない」。究極の酷評である。

なにゆえにピネルはこれほどひどい評価を下したのだろう。ボナテールは、それまでの歴史的な（別の言い方をすると、真偽の定かでない逸話的な）野生児の事例に触れたあとで、それらとアヴェロンの野生児との比較を行なっていた。これを読んだピネルには、アヴェロンの野生児の記述も、ほかと同じく実証的な証拠に欠けるように映った。ボナテールは、これまでの野生児の事例のなかにアヴェロンの野生児をはめ込めば、その観察の価値を高められると考えたが、これは逆効果でしかなかった。アヴェロンの野生児の報告だけに限ったほうがまだ信憑性は高まったかもしれない。

酷評の理由はもうひとつある。ピネルは、この少年が重度の精神遅滞であって、「野生児」ではないと診断した。ボナテールの報告は「野生児」であることを前提として書かれており、ピネルとしては、これを認めるわけにはいかなかった。

イタールも、第一報告のなかでボナテールの報告を文献としてあげてはいるものの、その内容には言及していない。前述のように、イタールは少年をパリに連れてきたのが「貧しくも尊敬に値する老人」と書いているように、ボナテールの報告をしっかり読んでいない節《ふし》もある。しかし、この軽視は意図的なのかもしれない。ボナテールの報告を読むと、少年は発見された時には「野生児」のようだったが、ロデスにいるうちにその社会生活に馴化したような印象を受ける。イタールにとって、自分の教育する少年は純粋な「野生児」である必要があった。それゆえ、ボナテールの報告への言及をあえて避けたのかもしれない。

シカールも、ボナテールの報告には触れていない。少年を彼の聾唖学校に連れてきてくれたボナテールその人についても、適正に評価していない。シカールは、少年のパリ到着の数日後に、いま話題のこの少年のことを新聞に書いた（『ガゼット・ド・フランス』紙、8月9日付）（註18）。そのなかで、彼は、ボナテールが少年に教育をしなかったこと、すなわち余計なことをせずに、野生のままに保ってくれたことに対して感謝のことばを述べている。シカールにとっても、これから自分が教育するのが純粋に野生児である必要があった。

いずれにしても、パリで少年に深く関わった3人のうち3人ともが、ボナテールの報告を評価しなかった。保護されて最初の6カ月間の様子を博物学者が観察したものであるにもかかわらず、である。そこには、首都パリの精神医学や聾唖教育の権威vs.田舎のアマチュア学者といった構図も見てとれる。

身元についての推測と最後通告

ロデスでの一時預りは5カ月を過ぎたが、結局、少年がどのような素性で、どのような経緯で森のなかで暮らすようになったかはわからないままだった。ボナテールは、報告のなかで、「信頼できる筋からの情報と某郡に広まっている噂によると、この少年は、M…在住のD…・M…という人の子どもである。この子は嫡出子であったが、冷酷非情な両親は、彼がことばの能力が身につかなかったため6歳頃に彼を遺棄したのだという」と述べている。しかし、これはあくまで噂であって、その真偽を確認するということまではしていない。

アヴェロン県では、身元不明の子が保護された場合には、その情報が公示されることがあった。図7に示したのは、1797年の少年の身元探しの貼り紙である。ヴィクトールの場合に、このような貼り紙がなされたのかどうかはわかっていないが、野生児を保護しているというニュースは新聞などを通して広く伝わっていた。というのは、少年が自分の子ではないかと中央学校を訪れた父親が２人いたからである。

ひとりは隣のロゼール県在住の父親で、１７９３年のロゼールの反乱の際に息子がいなくなった。もうひとりはトゥールーズ在住の父親で、トゥーロンの要塞の攻撃の際に、息子の行方がわからなくなった。しかし、少年は彼らの息子ではなかった。

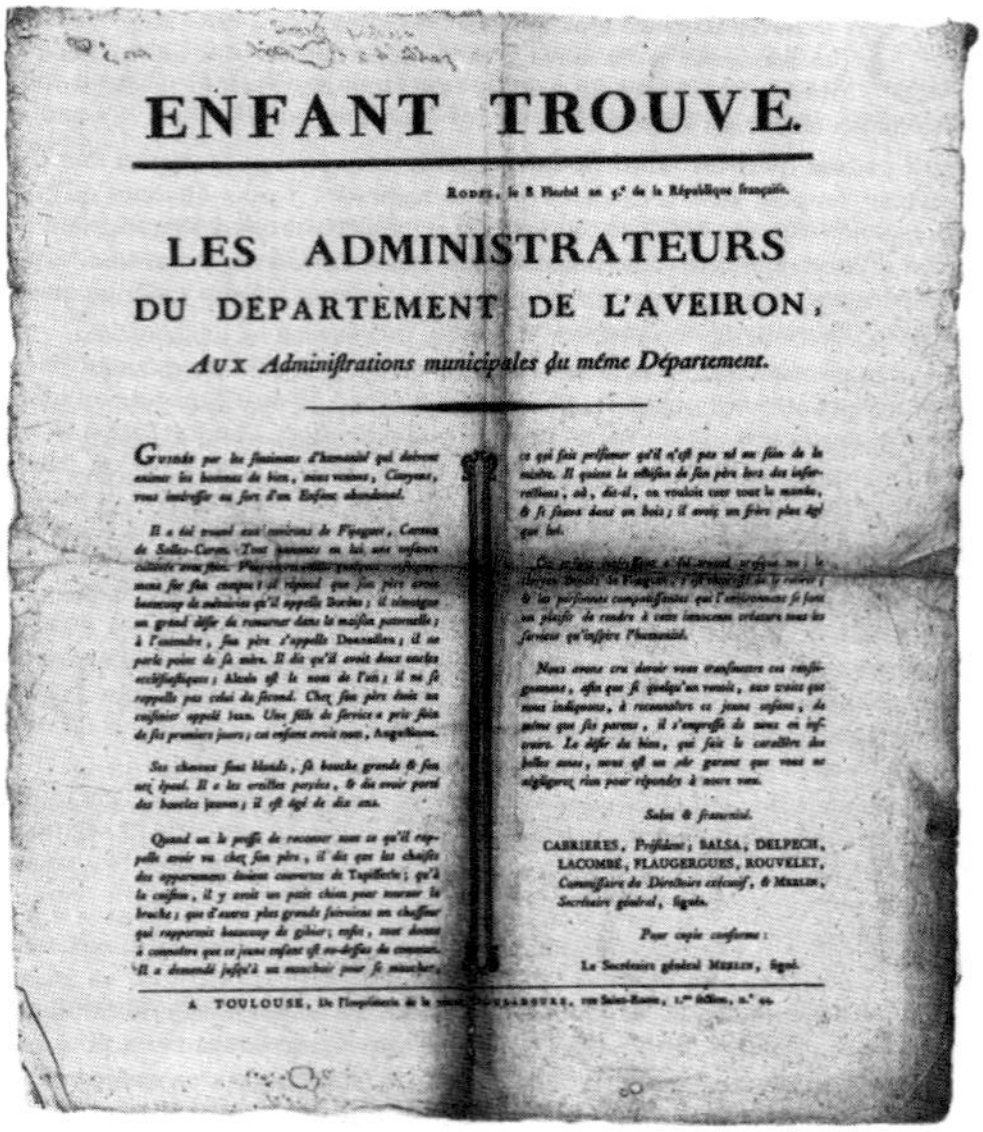

ENFANT TROUVÉ.

RODEZ, le 8 Floréal an 5.e de la République française.

LES ADMINISTRATEURS
DU DÉPARTEMENT DE L'AVEIRON,

Aux Administrations municipales du même Département.

Salut & fraternité.

CABRIERES, *Président*; BALSA, DELPECH, LACOMBE, FLAUGERGUES, ROUVELET, *Commissaire du Directoire exécutif*, & MERLIN, *Secrétaire général*, signés.

Pour copie conforme :

Le Secrétaire général MERLIN, signé.

A TOULOUSE, De l'Imprimerie de la ...

図７　1797年、アヴェロン県行政府発行の身元探しの貼り紙。サンキュラン郡フィジャゲ村近くで素っ裸で発見された10歳の少年である(註19)。父親やおじの名前、家にいた料理人や女中の名前もある（なぜか母親の名前は言えなかった）。身体的特徴も記してある。だれが発見して、だれのところで保護されているかまで記載されている。少年の名前が記載されていないのが不思議。Société des lettres, sciences et arts de l'Aveyron所蔵。

6月の末になって、内務大臣リュシアンからの最後通告が届いた。リュシアンは、2月初めに少年をパリに移送せよと命じたのに、いまだ送られてこないということを聞いてとても驚いていると書いていた。即刻移送せよと命ずるその手紙には、旅費として740フランの現金が添えられていた。十分な時間をおいても親が現われない以上、もはや少年をロデスに留めおく理由はなかった。少年をパリへ連れて行くしかなかった。

この手紙は6月23日付だったが、同じ日付で、リュシアンは、聾唖学校の校長のシカールにあてて、少年が近日中にパリに到着するので、少年を受け入れる準備をするよう指示を出した。

ロデスにいるうちに、少年は中央学校での生活に慣れた。ボナテールにも、学校の庭師で世話役だったクレールにも、そして彼に関係した者たちにも、少年に対する愛着が(少年のほうはともかく)生じていた。彼らとしては、少年をパリに連れて行きたくはなかった。

ロデスからパリへ

7月20日、ボナテールは少年を連れ、クレールを従えて、パリに向けて出発した。馬車を乗り継いでの行程だったが、パリまで通常なら8日かかるところを18日かかった。これは、少年が麻疹にかかってしまい、途中のムーランに10日ほど逗留せざるをえなかったからである。幸いにして、麻疹は軽くて済んだ。

宿駅や街道沿いには、あの野生児が通るというニュースが飛び交い、彼を一目見ようと人々が待ち構えていた。少年は、休憩中に何度か森のなかに逃げ込もうとし、そのつど捕まえられた。

途中、大都市リヨンにも寄った。ここでは、ボナテールの友人の博物学者、リヨン中央学校教授のムートン゠フォントニユに会っている。ムートン゠フォントニユは、少年の印象を書き残している。それによると、「少年の見かけはふつうの子どもとまったく変わらなかった」。しかし、その性格は「利発さと愚かさ、活発と不活発、喜びと悲しみが混ざり合っていて、それがなにに起因するのかを見抜くのが難しい」と述べている(註20)。これが、この時点で、第三者がもつ少年の印象であった。

1800年8月6日、パリ

パリ到着は、8月6日の夜10時である。市民たちはその到着を首を長くして待ち構えていた。ロデスを発ってから、いまはどこを通過中かという知らせがパリには逐一届いていた。少年に対するその熱狂は、発見以来半年にわたって、新聞がこのことを書き立てていたからだけではない。パリでは、3月以来この野生児を主人公にした劇がかかっていて、好評を博していた。その日街は、夜にもかかわらず、その実物をこの目で見ようと集まった野次馬たちの歓声と興奮に包まれた。

ボナテールとクレールは、少年が聾唖学校に収容されて落ち着くまで、パリに滞在した。8月30日、内務大臣のリュシアンは少年と謁見した。ボナテールらはこれにも同行した。クレールは9月初め、ボナテールは10月7日にパリをあとにした。

イタールの第一報告の冒頭には、少年をパリまで連れて来た「老人」、すなわちボナテールが別れ際に次のように言ったとある。「もし協会がこの子を見捨てるようなことがありましたら、私が引き取りにきて、父親代わりになりましょう」。

しかし、そのようになることはなかった。シカールはすぐにこの子の教育を放棄し、そのあとを受け継いだイタールもこの子の教育を断念し、１８０４年には協会そのものが消滅してしまった。しかし、ボナテールはそれらのことを知ることもなく、１８０４年の初めに病死してしまうのである。

2章　パリ、国立聾唖学校

図8　パリ国立聾唖学校（1900年頃）。サンジャック通りから見た正門と校舎。なお、現在の呼称は聾唖学校ではなく、聾学校。L'Institut national de jeunes sourds de Paris 所蔵。

1800年、パリ

1789年に始まるフランス革命は、よくも悪くも、さまざまなものの変革だった。身分や政体や社会制度のみならず、既成観念や価値観、世界観の変革でもあった。とりわけカトリック教会は、国家への従属を余儀なくされ、一時的にローマ法王の指揮権が及ばないものへと変貌した。革命そのものは啓蒙主義の理想が具現化したものではあったが、その過程では、数え切れないほどの人が断頭台の露と消え、牢獄の襲撃で虐殺され、各地に起こった内乱で命を落とした。革命の犠牲者は30万人とも50万人とも言われる。

恐怖政治ののち、1795年に総裁政府が樹立され、国内的には一応の安寧と秩序が戻った。1799年11月には、ナポレオン・ボナパルトがブリュメールのクーデタを起こして統領政府を樹立し、革命はその幕を閉じた。

1800年、フランスは新たな時代に入っていた。パリは、驟雨のあとにのぞいた晴れ間のように、市民は自由を謳歌していた。パリは、可笑しいもの、猥雑なもの、珍奇なもの、刺激的なものに満ち溢れていた。コンサート、ダンスホール、劇、ヴォードヴィル、見世物、サーカスには事欠かなかった。新聞も雑誌も、政治からゴシップまで、さまざまな話題であふれかえっていた。そしてパリは学問の都でもあった。雨後の筍のように、新たな領域の学会がそこここで産声をあげた。人間観察家協会もそうしたなかのひとつだった。

そんな折に飛び込んできたのが、アヴェロンでの「野生児」発見のニュースである。それは珍奇で刺激的な事件だった。もしその野生児をパリに連れてくることができたら、大きな関心を呼ぶこと間違いなく、場合によっては相当な見世物になるはずだった。新聞各紙もこぞってこの話題をとりあげた。しばらくすると、これがフェイクだとか、ほんとうは役者が野生児の演技をしているのだといった記事まで出てくる始末だった。そして発足したばかりの学会、人間観察家協会も、即座にこの野生児獲得に乗り出した。

前述のように、パリでは、当の野生児の到着を待たずに、3月から、この野生児を主人公にした『アヴェロンの野生児』という喜劇がかかっていて、市民を楽しませていた。野生児が捕らえられる場面では、この野生児にとっての「自由」が歌われた。その歌は客席からアンコールがかかり、観客も一緒になって歌った。

森の子、ヴィクトール

熱狂の伏線はもうひとつあった。少年の発見の4年前。1796年に、『森の子、ヴィクトール』という小説がパリで出版されていた。デュクレイ＝デュミニルの手になるこの小説は、ベストセラーになった(註21)。高貴な出自の男の子が森に捨てられ、通りがかった男爵に拾われ、育てられる（図9）。その成長の過程では、さまざまなドラマが繰り広げられる。

すぐに戯曲化もされ、その公演は大当たりをとった。1800年には、パリでは、違うキャスティングで、3カ所の劇場で同時興行されていた。そうしたなか、南フランスの山村で、森のなかで暮らしていた野生児が発見されるのである。一般大衆がこのニュースに飛びつかないはずがなかった。

パリの聾唖学校でこの野生児を担当するようになって、イタールがこの子につけた名前はヴィクト

図9　デュクレイ＝デュミニルの小説『森の子、ヴィクトール』の挿絵（版画）。Thierry Gineste 所蔵。

ールだった。その命名にあたっては、この人気の小説・戯曲のタイトルが念頭にあったのは間違いない（註22）。事実は小説より奇なり。人はそう思った。アヴェロンの森のなかに捨てられ、森のなかで育った子。

しかし、森のなかでひとりで育った野生児とはどういう子なのだろうか？　それまで「野生児」とは、哲学者や思想家が頭のなかで考えていた代物だった。しかし、その「野生児」のイメージは一通りでないどころか、対立するアンビヴァレントなイメージだった。一方にあったのは、人間社会の悪しき影響を受けていないという点で、穢れなく、無垢で、純粋で、従順で、白紙《タブラ・ラサ》の状態にある子どもという、どちらかと言えばポジティヴなイメージ。もう一方にあったのは、社会化も躾も教育も受けていないという点で、人間性をもてずに獣性だけをもち、本能のままに行動する、粗野な子どもというネガティヴなイメージである。そしてここにさらに、小説・戯曲の主人公、森の子ヴィクトールの高貴で善良なイメージが加わる。実際には、どれが本当なのだろう？　その答えは、実物を見ればはっきりするはずである。その子は、近日中にパリに連れてこられる運びになっていた。

このように、アヴェロンで見つかった少年を迎え入れるための、そして彼に熱狂するだけの下地は十分に整っていた。

シカールの返り咲き

野生児をパリに呼び寄せるのに熱心だったのは、人間観察家協会のメンバーで、パリ国立聾唖学校の校長だったシカール神父である。しかも、自分の学校に収容したいと申し出ていた。なぜそれほどまでに熱心だったのだろう？　当然ながら、これには彼ならではの事情と思惑があった。

それにはまず、パリの聾唖学校から説明しておく必要がある。聾唖の子どもたちを教育するこの学校は１７６０年代にレペ神父によって創設された(註23)。それから遅れること20年ほど、１７８６年に、フランスで2番目の聾唖学校がボルドーに創設される。初代校長はシカール。彼は、ボルドー大司教シセの命を受け、パリのレペのもとで聾唖教育のノウハウを学んでいた。

１７８９年、フランス革命と時を同じくして、パリ聾唖学校の校長だったレペ神父が死去する(註24)。次の校長をだれにすべきか。白羽の矢が立ったのは、このボルドーのシカールだった。彼は翌年の１７９０年にレペの後任としてパリに赴任した。

１７９１年７月、憲法制定議会は、聾唖の子どもたちにも健常の子どもたちと同等の教育の機会を与えるべきという決定を下し、パリとボルドーの聾唖学校は国の管轄になった。すなわち国立学校になったのである。パリのサンジャック通りにあったオラトリオ修道会の神学校の建物は革命によって国に接収され、９４年からその校舎がパリ国立聾唖学校の校舎として使われるようになった。野生児が収容されたのはこの校舎だった。

パリ聾唖学校の校長になったシカールは、聖職者でもあった。革命の激動のなかで、彼の境遇もめまぐるしく変化した。１７９０年７月に聖職者民事基本法が制定され、聖職者はこの法律への宣誓を余儀なくされた。しかし、多くの聖職者がそうしたように、シカールも宣誓を拒否し、そのため１７９２年８月、パリのアベイ監獄に収監されてしまう。その翌週に起こったのが９月虐殺である。民衆が各地の監獄を襲い、そこに収監されていた反革命者（とくに聖職者）たちを大量に殺害した（その数は控えめな推定値でも１０００人強）。シカールも殺されかけるが、聾唖学校の校長だということがわかって、あわやのところで難を逃れる。彼は解放され、校長として学校に戻ることができた（註25）。しかし彼は反体制派のジャーナリストの顔ももち、共和制に反対する記事を新聞や雑誌に書き続けた。そのためブラックリストに載り、今度は流刑になるおそれもあった。潜伏するしかなかった。１７９７年、彼は身を隠し、偽名を使って執筆活動を続けた。聾唖学校の校長はアロワに代わった。

１７９９年11月ブリュメールのクーデタによって、ナポレオンが権力を掌握し、政治体制は一変した。これによって、潜伏していたシカールは表舞台に出ることができるようになった。彼がまずしたのは人間観察家協会の設立だった。後述するように、彼は、ジョフレやドジェランドとともに中心メンバーとなって、この学会の立ち上げを図った。そして友人たちによる内務大臣リュシアンへのはたらきかけもあって、聾唖学校の校長への復職を許された。カムバックは１８００年1月13日。少年が発見されて数日後のことだった。

晴れて校長の職へと復帰したシカールには、名誉を挽回する必要があった。そう思っていた矢先、アヴェロンでの野生児発見のニュースが飛び込んできた。その少年は聾唖でもあるという。聾唖教育の第一人者である自分が、野生児を一人前の文明人へと変身させることができたとしたら、どうだろうか？　みなは目を見張るに違いない。本人が自任するだけでなく、傍目《はため》にも、シカール以上に最適の専門家はいなかった。復帰に合わせるように、『生まれながらの聾唖者の教育課程』という著書も出版した（地下に潜伏中に準備したものだった）（註26）。彼は、野生児の教育を自分の校長復帰第一戦と位置づけた。

シカールには、それをするだけの自信があった。１７８６年のことである。創設したてのボルドー聾唖学校のシカールのもとに、14歳になる聾の羊飼いの少年が連れてこられる。名をマシューといった。マシューはそれまで学校教育を受けていなかったが、向学心に燃えていた。シカールは、マシューにまず手話を教え、単語や概念を教え込んでいった。その結果、3年半で、驚くほどのことができるようになった。ほとんどなにもできなかった子が、見る見るうちに、知性や学識、判断力を備えた人間になったのである。１７９０年、パリ聾唖学校の校長として赴任する時、シカールは、自分の教育の成功例、マシューを引き連れていた。マシューはその後この学校に復習教師として奉職し、聾者として聾者に教える初めての教師となった（註27）。

シカールの著書『生まれながらの聾唖者の教育課程』には、マシューをどのように教育したかが述べられていた。聾の子どもを健常者と遜色ない（あるいはそれ以上の）能力をもつ存在にしたということはみなから高く評価された。その方法は、野生児にも使えるはずで、野生児を「文明化された」人間へと変身させることができるはずだった。

リュシアンの謁見

パリ到着翌日、少年はシカールの手に委ねられた。新聞各紙はこの野生児到着のことを報じた。少年の旅の疲れがとれて一般公開ができるようになると、この少年を見ようと聾唖学校にはたくさんの人が押しかけた。

この少年をパリに連れてくるよう直接命令を下した内務大臣リュシアンも、この少年に会ってみたくてたまらなかった。そこで彼はシカールと少年を自宅に招待した。8月30日、少年はシカールに連れられて、リュシアンのもとを訪れた。これには、まだパリにいたボナテールとクレールも同行した。

少年はこの日狂ったように陽気だった。彼を喜ばせるため、ご馳走が用意されていた。リュシアンは彼を撫でたり、くすぐったりして30分を過ごし、その後少年は庭に出て、喜びを爆発させた。

少年の興奮状態は収まらなかった。帰り際、職員の関係者に、少年を見たいという若い女性がいた。少年は彼女の部屋に通されるや、この女性をベッドに押し倒して、離れないという珍事を起こした。みなで彼を引き離すのに一苦労するという始末だった。

しかし、少年がハイな状態だったのは、おそらくこの頃までだった。まもなくクレールはロデスに帰り、ボナテールも帰り支度を始めていた。少年には、シカールの教育が待ち受けているはずだった。

見放すシカール

前述のように、シカールはジャーナリストの顔ももち、新聞にもよく寄稿していた。彼は、8月9日付の『ガゼット・ド・フランス』紙に、到着したばかりのこの少年が真の野生児であって、その野生児に対してこれから聾唖学校で教育が行なわれるということを熱く書いていた。ところがこれ以降、野生児に関するシカールの筆はなりをひそめてしまう。あたかも関心が一気に冷めてしまったかのように。

おそらくシカールは、聾の少年マシューを教育したのと同じか似た方法で、この野生児を教育できると踏んでいた。しかし、いざ少年に関わり始めてみると、とてもそうした方法が使えるような相手ではなかった。簡単なコンタクトすらとれない――目を合わさない、こちらの問いかけや命令にほとんど反応しない、体をたえず揺すっている、突発的に感情を爆発させる――というのでは、なす術《すべ》はなかった。おそらく、シカールは、かなり早い段階で、自分の計画が無理なことを、少なくとも自分の方法ではどうにもできないことを悟っていた。もちろん、シカールはこのことを公言することはなかった。

このように、彼は、この少年に具体的になにかを教育・訓練したわけではなかった（そうしていれば、それをなんらかの形で書き残していただろう）。その結果、彼がとった選択肢は関わらないこと

図10　パリ国立聾唖学校の庭と校舎（1840年頃）。アンリ・バルビュス通りからの俯瞰。右手に見えるドームがヴァル・ド・グラース陸軍病院。聾唖学校の正門は校舎を挟んで向こう側にあり、サンジャック通りに面していた。このサンジャック通りと正門近くで交叉するのがフイヤンティーヌ通りで、ここには1811年以降ヴィクトールとゲラン夫人が住んだ。学校から歩いて１分もかからないほどの距離であった。ヴァル・ド・グラースも学校から徒歩３分で行ける距離にあった。３章扉の地図（図14）も参照。イタールの住まいは校舎左翼の３階と４階にあった。L'Institut national de jeunes sourds de Paris 所蔵。

だった。自分の教育方法では救いようのないこの少年を放っておくことにしたのである。教育の試みは一切せずに、昼間は聾唖学校の中庭に放置し（学校を訪れた見学者はこの少年を見た）、夜は部屋に閉じ込めておくことにした。後年、シカール自身が次のように書いている（註28）。「この学校に収容されてから、翌年の2月まで、この少年はひとりの管理人に預けられ、この管理人が少年に食べ物を与え、夜は厨房の上の中2階の部屋に閉じ込めておくという仕事を担っていた。その結果、少年はだれにも構われずにひとりで過ごし、ほとんどは庭にいた」。

虐待と退行

聾唖学校の生徒たちは、自分たちとは明らかに違うこの異分子を頻繁にいじめ、暴力をふるった。このため、少年は生徒たちをひどく恐れていた（註32も参照）。管理人からも、規律や指図に従わないということで暴力をふるわれたこともあったかもしれない。

ロデスでのボナテールやクレールのような人はもうまわりにはいなかった。それどころか、まわりは敵意に満ちた者ばかりだった。たくさんの見物客の目にさらされはするものの、自分を助けてくれるような人はどこにもいなかった。その結果、ロデス時代に身についた習慣はまったく消え去ってしまった。表情に愛嬌のある、見かけは「ふつう」だった子は退行し、どこにでも排泄する、不潔極まりない、無気力な存在に成り果ててしまった。

イタールは、第一報告の冒頭で次のように書いている。

彼の生活が一変したこと、見物人たちが頻繁にやってきたこと、そして聾唖学校の同年代の子どもたちと一緒に住むことによる必然的な結果としていじめを受けたことが、文明化の望みを消し去ってしまったように思われた。手に負えないほどの活発さは、いつのまにかおとなしい無気力の状態へと変質してしまい、それがさらに孤独な習性を生み出していた。お腹が空いて台所へ行く時以外は、ほとんどつねに庭の片隅にうずくまっているか、3階の工事で出た廃材の陰に隠れていた。パリの物見高い人々が目にしたのは、こうした悲惨な状態の少年であった。

しかし、1801年1月にイタールが少年の教育を開始し、2月からゲラン夫人が世話をするようになると、少年は少しずつもとの状態を取り戻していった。

聾唖学校の公開授業

聾唖学校の経営は容易ではなかった。国立学校とはいえ、国からくる予算だけですべてをまかなうことはできなかった。政治家や行政官に訴えてできるだけ予算を獲得し便宜をはかってもらう必要があったし、篤志家からできるだけ多額の寄付をしてもらう必要もあった。つまり、外部への積極的なはたらきかけと宣伝が不可欠だった。

校長のシカールはそれがやれる人間だった。彼がとった戦略は、聾唖学校のことをみなによく知ってもらい、この学校でどのような画期的教育が行なわれているのかを実際に見てもらうというものだった。これは正攻法とも言えるが（前任者のレペも公開授業を積極的に行ない、人々の注目を集めるやり方をとっていた)、シカールはさらにそれを巧妙に演出した。

口八丁手八丁とはシカールのためにあるようなことばである。彼は手話も使えたから、手八丁は的を射た表現だった。当時、エンドレスに喋ることを指して、「シカールする（sicardiser）」ということばもあったほど冗舌だった（実は彼は文法学者の顔ももっていた。その功績で、1803年にはアカデミー・フランセーズの会員にもなっている）。その才能を、彼は自分の名声を得るためだけでなく、学校の経営をうまくやるためにも使った。パリ聾唖学校は、あのシカールが校長を務める画期的な学校という評判を得ていた。

彼のやり方はこうだ。聾唖学校に見学に来る人を、まずは驚かし、次に感動させるのである。それをする役を最初に務めたのは、彼のかつての教え子で、聾唖学校の復習教師になっていたマシューである。彼が初期の「広告塔」の役を担った。見学者が彼にさまざまなことを問いかけると、彼は（通訳のシカールを通して手話で、あるいは黒板に書くことを通して）きわめて理知的で、機知に富んだ答えを返した。これには、だれもが感銘を受けた。言ってみれば、見学者参加型のショーを提供していた。

もうひとつの広告塔は生徒たちである。シカールは、毎月1回第3月曜日の午後に授業を一般公開した（図11）。見学者は、授業のなかで、生徒たちが教師に導かれて、段階を踏んでいろいろなことができるようになってゆくのを目の当たりにした。この驚くような授業風景は有名になり、それを見ようと400人入るホールが毎回満員になった。もちろん、特別な見学客には、それ以外の時でも対応した。パリ大司教やオーストリア皇帝フランツ1世、何人もの公爵や公爵夫人（寄付ということでは重要な存在だった）も見学に訪れた。そして旅行者も。パリの観光スポットとして、聾唖学校はツアーの順路のなかにも組み入れられていた。たとえば、１８０１年に出たパリの旅行ガイドブックには次のように書かれている（註29）。

ここほど感動を呼び起こすような施設はほかに思いつかない。この学校を運営する校長は尊敬に値する。聾唖の子どもたちはこれまで疎んじられてきたが、この学校ではその生まれながらの障害を克服さ

図11　聾唖の生徒に教えるシカール。左にいるのはマシュー。パリ国立聾学校の校舎の壁に飾られている。L'Institut national de jeunes sourds de Paris 所蔵。

せようとしている。このため、彼らに科学や技術、そして人を引きつける魅力をもたせるようなすべてのことを学ばせている。この点で私たちは大きな間違いをしているのかもしれない。形而上学的な観念を頭のなかにもたせるには、彼らにゆとりと喜びと幸福を与えてやればよいのだ。血のにじむような努力はしなくてもよいのだ。

シカールの話術や演出の巧みさだけでなく、もちろん生徒たちも優秀だった。この聾唖学校には、希望すればだれもが入れたわけではなかった。5年の課程で、9歳から16歳までという年齢制限があった。当時ここには、300人ほどの生徒が学んでいたが、国から支給されていたのは60人分（全額支給者）にかかる費用でしかなかった。各地から、我が子や関係者の子どもを入れてほしいという嘆願（大部分は有力者の推薦書つき）は山のようにあったが、最終的に入学してくる子どもたちは聾唖の障害だけをもった選りすぐられた子どもたちだった。

聾唖学校では、職業訓練もしていた。木工、職工、菜園作りや印刷工など、生徒たちの手に職能をつけさせて社会に出してやるためだった。学校には、それ用の菜園や作業場があったし、印刷工房には本格的な印刷機も導入されていた。生徒たちは、学校内の印刷工房で植字や印刷の技術を身につけ、卒業生の一部は国立印刷所にも就職した。当然、外注で請け負った雑誌や出版物の印刷は学校に収入をもたらした。木工や職工も同様だった。有用な職業訓練ができると同時に、それが学校の資金源にもなり、一挙両得だった。これはシカールならではのアイデアだった。聾唖の子どもたちがしているこの職業訓練も、見学者の注目を引いた。

図12　アヴェロンの野生児の色刷りポスター。だれによってどのような経緯で描かれたのかはわかっていない。見物客を呼び込む広告の役目をはたしたのかもしれない。イタールの第一報告の肖像画（図6）とは異なり、理想化して描かれており、見る者に少年が純粋無垢という印象を抱かせる。ティエリ・ジネスト（私信）によると、帽子と衣裳は洗礼時に身につけるものであり、これらはボナテールの妹が彼のために製作したものだという（1800年３月ロデスにて、少年は洗礼を受け、ジョゼフと名づけられた）。絵の下には「アヴェロンの野生児 ── 現在はパリの聾唖学校にいる」とある。絵そのものはロデスで描かれ、聾唖学校の一文を追加して、1800年秋以降に版画として配布（あるいは販売）されたものなのかもしれない。Archives départementales de l'Aveyron 所蔵。

広告塔としての野生児

さて、野生児である。シカールの目論見では、アヴェロンの野生児も「広告塔」になると踏んでいた。そして確かに、少年は、客層が多少異なるにしても、人々の関心を学校に引きつけることになった。

前述のように、少年は、学校に収容された頃は元気だったが、しだいに放置されるようになり、見学者はその惨状を目の当たりにした（野生児とはそういうものだと思ったに違いない）。しかしその後、イタールがこの少年の教育を始め、それが成功し始めると、それが噂になり、また見学者を呼び寄せるようになった。いずれにしても、少年はたえず人の目にさらされ続けた（註30）。

とはいえ、内務省は、野生児を「見世物」にしていることを黙認していたわけではなかった。時の内務大臣シャプタル（リュシアンの後任）は、１８０２年10月６日付で、聾唖学校の管理官に次のような手紙を出している。表現が遠回しだが、要は、野生児を見世物にして心付《チップ》けを得ていることを問題視している（註31）。

私のもとに届いている報告では、アヴェロンの野生児を見に訪れる多くの人々のために学校の建物が毎日開かれていて、彼を見世物にしているとのこと。これによって利益を得ることは、職権の乱用のように思われます。貴下には、これがそうだということを確認し、貴下の監督下にある学校の秩序を害しかねない乱用を止めさせるための手段を講じることをお願いします。どんな改善策をとるのかを知らせていただきたいと存じます。

ヴィクトールは、聾唖学校で訪問客の見世物になっていただけではない（註32）。イタールの教育の成果が知れわたるにつれて、いまをときめく「有名人」として、社交界のサロンに客人として招かれもした。つまり、出張もしたということである。それは、イタールやシカール、そして聾唖学校のＰ

Rにもなっていた。聾唖学校への直接的・間接的支援を得るためにも、それは重要な機会だった。
以下に示すのは、その当時パリ社交界のサロンとしてもっとも有名だったレカミエ夫人のサロンにイタールがヴィクトールを連れていった時の出来事である（註33）。1801年の夏、ヴィクトールの教育が成果をあげていることをみなが知り始めた頃（イタールが第一報告を発表した頃）のことである。ヴィクトールは、ここでは自由になって、傍若無人に振る舞ったようだ。

その日、そこにいたみながすばらしい客を待っていました。あの有名なアヴェロンの野生児です。この野生児は、その教師で、医師で、保護者のイタール氏に伴われて、ついに到着しました。…（中略）…レカミエ夫人は、この野生児を自分の横に座らせました。おそらく夫人は、文明人を魅惑するその美貌が、まだ15歳にも満たないと思われるこの野生児からも、同じように敬意を表されると思ったのかもしれません。…（中略）…少年はたくさんの食べ物のほうばかりに気をとられていました。彼は、自分の皿に食べ物が盛られるや、驚くべき貪欲さでガツガツ食べました。この野生児は、自分に向いている美しい瞳を、ほとんど完全に無視していました。デザートが出されると、彼は、それらをくすねるだけくすねてポケットに詰め込み、静かにテーブルを離れました。…（中略）…突然、庭から音が聞こえてきました。イタール氏は、自分の教え子がなにかしでかしたことに気がつきました。彼はそれを確かめに席を立ちました。私たちも好奇心にかられ、全員があとに続き、逃げた少年を探しに行きました。すると、少年が芝生をウサギのような速さで駆け抜けてゆくのがちらりと見えました。彼は動きやすくなるよう、下着だけになっていました。高いクリの木のそびえる中央庭園の並木道に出ると、彼は着ていた下着を、まるで紗でも裂くように簡単に引き裂き、すぐ近くの木にリスのように容易に駆けのぼり、枝のなかほどにとまりました。男性陣が森育ちのその少年を捕える準備をしている間、女性陣は嫌悪感から、また礼儀作法を重んじて後ろに下がっていました。イタール氏は、少年を呼び戻すためいつもの手立てをすべて試みましたが、なんの効果もあげられませんでした。野生児は、イタール氏の懇願にまったく反応せず、あるいは自分が逃げ出したことに対する罰を恐れてか、枝から枝へ、木から木へと飛び移り、並木道の端のもう木や枝のないところまできました。その時に、庭師がモモがいっぱい入った籠を彼に見せることを思いつきました。するとさすがの逃亡者もこの計略には勝てず、木から下りてきて捕えられました。彼は間に合わせの上着として庭師の姪のもっていたペチコートを着せられました。そのいでたちで、来た時と同じ車に押し込まれ、帰っていきました。彼は、そこにいた客人たちに、文明生活の完全さと、野生の自然の痛ましい情景との徹底的で有益な対比を描いて立ち去りました。この場面は、衝撃的なほどに対照的でした。ラアルプはこの一部始終に熱狂しました。彼は「社会についてあれだけ暴言を吐いたルソーにこれを見せてやりたいものだ」と叫んでいました。

ピネルの診断

さて、少年が聾唖学校に収容された頃に時計を巻き戻そう。人間観察家協会は精神科医のピネル、博物学者のキュヴィエ、哲学者のドジェランドからなる少年の調査委員会を組織した。少年は数度にわたって彼らの検査を受けた（図13）。その調査の結果は、協会の公開の報告会の場で、ピネルの診断として読み上げられた（註34）。キュヴィエやドジェランドの報告がないことから考えると、おそら

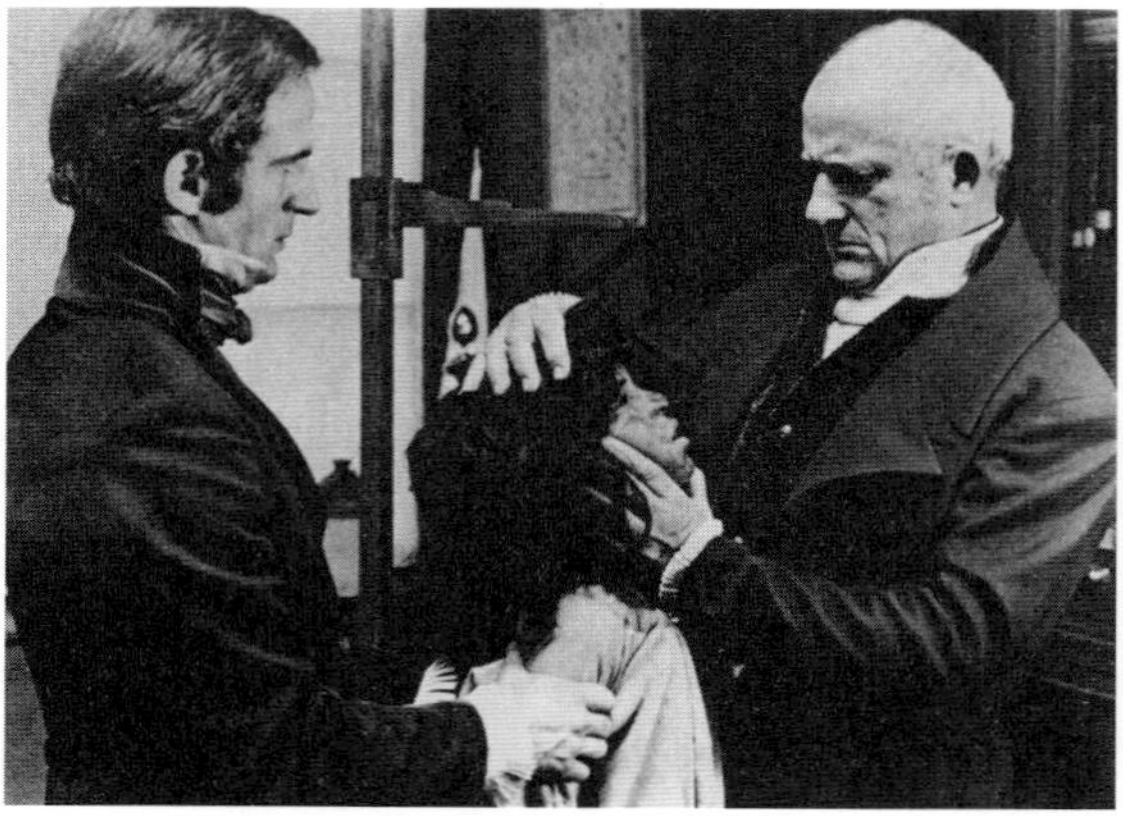

図13　映画『野性の少年』でピネルがヴィクトールを診る場面。イタールもその場にいたように脚色されている（これについては註101参照）。(Alamy Stock Photos)

く彼らはピネルの報告をそのままの形で認めたのだろう（ただし、ドジェランドはその後、イタールの教育の成功を目のあたりにして、少年が教育可能であるという立場をとるようになる）。

ピネルはフランス精神医学界の重鎮だった。フランス革命のさなかの１７９２年、ピネルはビセートル病院の主任医師となった。彼は、精神病患者であっても、さまざまな権利を有するという考えをもっていた。９４年、病棟のなかに拘禁されていた精神病者を「鎖から解き放ち」（この神話については註40参照）、フランスの精神医療の世界に大きな制度改革と意識改革をもたらした。少年を調べた時、彼はサルペトリエール病院の院長だけでなく、パリ医学校の病理学の教授も務めていた。

少年についてのピネルの報告は2回に分けて発表された（註35）。初回は11月29日。折りしも、ピネルは1カ月前に『精神病に関する医学・哲学論』を出版したところで、大きな反響を呼んでいた。そのピネルによるあの野生児の報告とあって、会場は大入り満員だった。

その報告の結論を言えば、少年は野生児などではなく、重度の白痴であり、治しようがないという悲観的なものだった。数カ月間ピネルが観察したかぎりでは、少年には「なんの進歩も、なんらの発達可能性も認められなかった」。

ちょうどこの頃、「野生人」の調査と称して、ポリネシアやオーストラリアの人々についての調査が行なわれていたが、そこでわかってきた野生人（文明化されていない未開の人々）の特徴とこの少年の特徴を突き合わせてみると、一致するところはひとつもなかった。逆に、少年は、ピネルが医師を勤めていたビセートル（おもに男性が入所）やサルペトリエール（おもに女性が入所）の白痴の子どもたちと共通の特徴をいくつも有していた。たとえば、突発的な爆笑、突然の奇声、怒りなど感情の発作、体をたえず揺すっていること、視線が定まらないこと、ことばがまったくできず、ほかの人とのコミュニケーションをとらないこと、などなど。したがって、少年はこれらの患者と同じく白痴と判断せざるをえない。

では、なぜ少年はこのような白痴状態になってしまったのか？　遺伝か、生得的なものか、生育環境に問題があったのか？　ピネルは、情報がなにもないことから、病因について明言することは避けた。

報告は、治療の可能性がないことで締めくくられている。「以上のことから、彼は白痴や痴呆の子どもたちと同列におかれるべきであり、体系的な訓練を長期にわたって行なったとしても、成功する見込みはないだろう」。それは、今後も聾唖学校で教育を続けていっても、時間の無駄、徒労に終わるということを予見していた。

3章 イタールの教育と挫折

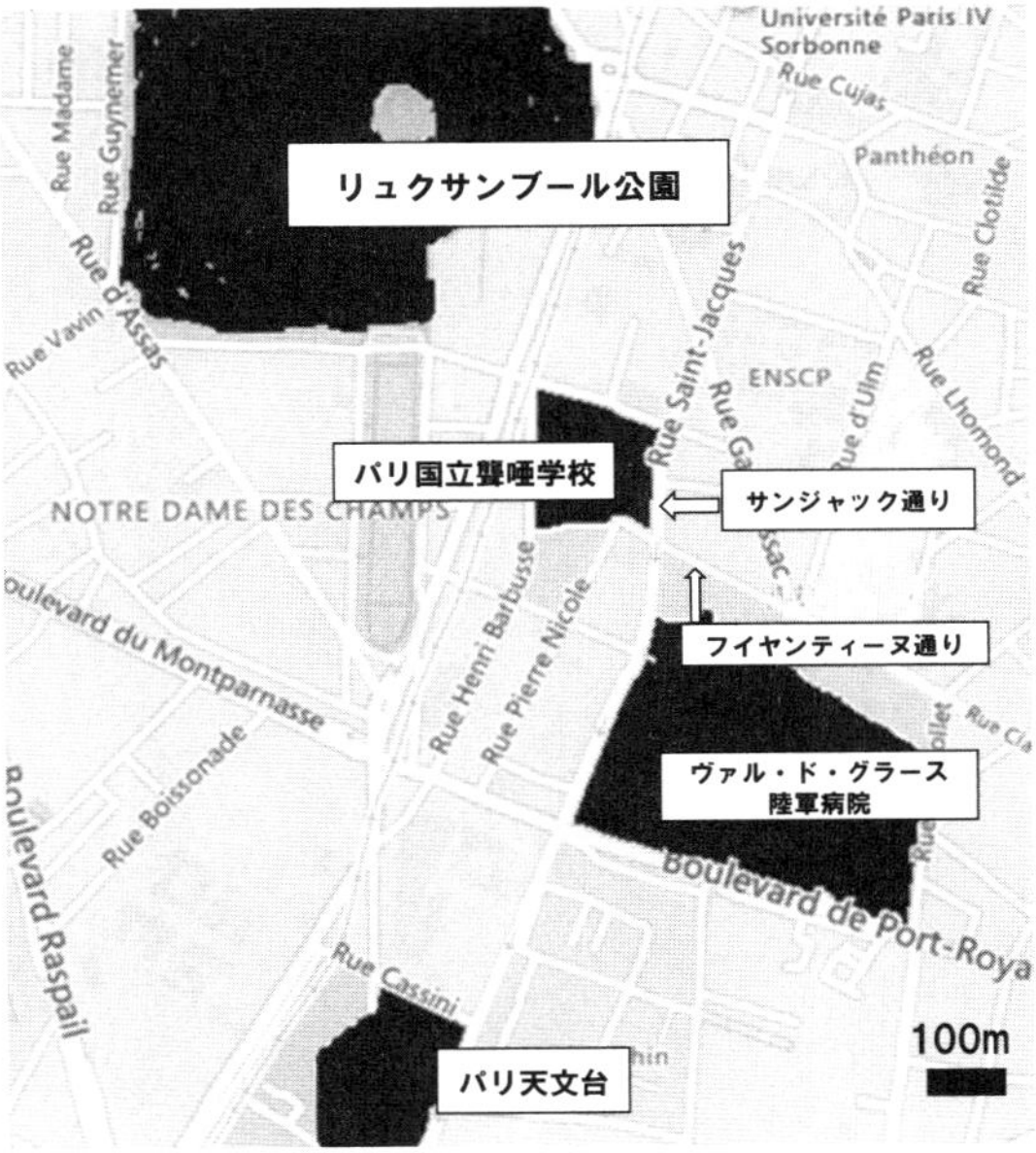

図14　パリ国立聾唖学校とその周辺。ヴァル・ド・グラース陸軍病院、リュクサンブール公園、パリ天文台はどれも学校から700m以内の距離にある。学校はサンジャック通りに面し、この通りは学校近くでフイヤンティーヌ通りと交わる。

イタール登場

ピネルの報告の前半部分が公開の場で発表されたのが１８００年11月29日。ここから、ヴァル・ド・グラース陸軍病院の若き医師イタールが登場する（図15）。彼はこの報告を聞いていた。ヴァル・ド・グラースが聾唖学校のすぐそばだったこともあって、イタールは、生徒の怪我の往診で、学校に行ったこともあった。話題になっていた「野生児」を見たこともあったはずである。

聾唖学校は、この年の10月、生徒の健康管理体制の整備のため、常勤の医師をおくことを決めた。シカールとイタールのどちらがもちかけたかは不明だが、イタールはヴァル・ド・グラースに勤めながら聾唖学校の医師を兼任し、この話題の野生児を担当することになった。ピネルの報告の前半部分の発表からすると、後半部分の発表は、少年が野生児などではなく、治りようのない白痴だという結論になることは明らかだった。シカールは、自分の手に負えない少年の教育をこの若いイタールに託すことにした。もしかしたら、ピネルの「治りようのない」という診断をくつがえすことができるかもしれないと考えたためである。

イタールは、１８００年12月31日付で聾唖学校に住み込む形で専属の医師となった。彼は毎朝聾唖学校から徒歩３分のヴァル・ド・グラースに出勤し、午後に聾唖学校に戻るという生活を送るようになった。

「住み込み」と表現すると、どうしても家庭教師や家政婦を連想してしまうが、１８００年から始まる校舎の改修後、彼が占有した部屋の面積は考えられないほど広く、２つの階にまたがっていた。診察室があったのはもちろんだが、居間と寝室、書斎や応接室、自分用の図書室など、部屋に関しては厚遇されていた（ヴァル・ド・グラース勤務がメインであったため、給与は微々たるものだったが）。彼はこれらの部屋を自分の趣味に合うようにしつらえ、調度品も自分で揃え、壁には自分の好みの絵や版画を飾った（註36）。あまりの居心地のよさに、彼は64歳で亡くなるまで（病気の療養や静養で地方に行くことはあったし、別荘ももっていたが）、ここを離れることはなかった。亡くなった時、彼の図書室には2000冊の蔵書があった。

野生児への教育は1801年1月から開始された。その世話や養育の担当者として、2月からゲラン夫人が雇われた。少年は、イタールの居住する階の上の部屋で寝起きした。

図15　ジャン＝マルク・ガスパール・イタール。L'Institut national de jeunes sourds de Paris 所蔵。

ピネルの報告の後半部分は、1801年の5月に非公開で（すなわち、協会のメンバーだけの会合で）発表された。予想通り、少年は治癒不能という結論だった。

ところが、イタールが担当し始めてから、少年には顕著な進歩が見られるようになった。イタールは、ピネルの報告の後半部分の発表から日をおかずに、6月20日付の『メルキュール・ド・フランス』紙上で反論し、治癒不能と言われた「野生児」に回復の兆しがあり、彼を教育することが可能だと主張した(註37)。これは、ピネルに向けてだけでなく、世間に向けての強力なアナウンスだった。

8月26日、イタールの教育の成果は、人間観察家協会の公開講演会の席上で発表された。ジョフレが原稿を読み上げる形で行なわれ、それを活字にしたものが9月末に出版された。これがイタールの第一報告である。反響は大きかった。

イタールの経歴

このイタール、どのような経歴の持ち主なのだろう?

イタールは、1774年、南フランス、プロヴァンスのオレゾンという村に生まれた。実家は多くの不動産をもち、仲買業を営み、裕福だった。近くの村リエの学校を終えたあと、マルセイユのオラトリオ修道会の学校で学び、その後もマルセイユで、家業を継ぐべく、金融業や仲買業の修行をしていたようだ。フランス革命が起こった時、彼は15歳だったが、その時期にどこでなにをしていたかはわかっていない。

1793年、19歳の時に、共和国軍に徴兵される。戦闘で命を落とすことをおそれた叔父ジャン＝フランソワ・イタール(当時総裁政府のディーニュ地方の副長官を務めていた)の計らいで、この叔父の友人、同郷のリエの出身でトゥーロンの陸軍病院の院長をしていたアルマーに預けられる。94年、トゥーロン近くのポール・クロ島の野戦病院に衛生兵として配属。その後トゥーロンに戻り、パリから赴任したばかりの医長、ラレーの外科助手を務めた。この時コルシカ遠征が予定されており（しかし実行はされなかった）、待機中に時間的に余裕のできたラレーは外科学や解剖学の公開の講義を行ない、イタールはそれを受講した。９６年、ラレーはパリに戻ることになる。

パリのヴァル・ド・グラースはもとはベネディクト会の修道院だったが、革命で国に接収され、１７９４年から陸軍病院として使われるようになった。９６年には軍医や衛生兵の教育を開始し、ラレーはそこの教授として招聘された（註38）。パリに戻る際に、ラレーはイタールを引き連れていた。イタールはラレーからさらに教えを受け続けた。パリ医学校も９４年に開校し、イタールは９７年からこの医学校の講義を（ピネルの講義も）受講した（註39）。その後３級外科医の試験に合格し、９８年にヴァル・ド・グラースに医師として入局した。とはいえ、見習い医師である。

このように、彼の受けた医学教育は、まえの世代とはかなり違っていた。たとえば、ピネル（イタールより29歳年長なので、ワンジェネレーションの違いということになる）を例にとると、トゥールーズ大学で医学を学び、モンペリエ大学で臨床研究を行ない、その後パリに来て、ビセートルやサルペトリエールに勤めている（註40）。イタールの場合は、ちょうど革命の動乱と変革の時期にあたっていたこともあって、受けたのはこういった大学での医学教育ではなく（そもそも革命によって大学そのものがなくなっていた）、外科を中心とする実践的な医学教育であった。しかも、初めは医学を志していたわけではなく、20歳までまったく別の道を歩んでいた。

実は、イタールは、パリに来る以前のことについてなにも書き残していない。したがって、右記の経歴は、間接的な証拠にもとづく推測である。それだけではない。彼は子ども時代についてもなにも語っていない。そのため、彼の墓碑銘には、出生地と生年月日に誤りがある(註41)。彼が生涯独身で通したことも、彼のプライヴェートな生活を見えにくくしている。

イタールに関係する教会や役所の記録や文書などを調べて、右に述べたような生い立ちや受けた医学教育をある程度明らかにしたのは、『アヴェロンのヴィクトール ―― 最後の野生児、最初の狂児』の著者、ティエリ・ジネストである(註42)。それによると、イタールは、5人きょうだいだったが、ほかの4人(姉、兄、2人の弟)は、2カ月、2歳、3歳、1歳で亡くなった。財産も土地もあって富裕な家ということもあり、イタールは跡取りとして大切に育てられた。ジネストは、イタールが幼少時代から4人のきょうだいの死を想い、たえず死の影におびえていたのではないかと推測している。

叔父のジャン゠フランソワは、彼にとって兄のように慕い尊敬する存在だったが(前述のように、イタールを医者の道に導いたのはこの叔父だった)、この叔父も、1793年11月、故郷に戻る途中で不審な水死を遂げた。彼はフランス革命が起こった時にはリエの教会の司祭を務めていたが、聖職者民事基本法に真っ先に宣誓し、それによって革命政府の地方の要職を得ていた。それゆえ、反革命分子によって殺害された可能性が濃厚だった。イタールは、これらの悲しい出来事があったため、自分の過去について触れようとはしなかったのではないか。ジネストはそう推測している。

イタールの第一報告

イタールが正式に聾唖学校の医師に就任するのが1800年12月31日、ゲラン夫人がヴィクトールのために正式に雇われるのが翌年の2月である。イタールの第一報告は、人間観察家協会の要請を受けて執筆され、8月26日に公開の場で発表され、9月末に出版された。ほぼ半年間の教育・訓練の成果である。ここで、第一報告の要点をかいつまんで紹介しよう。

まずイタールは、昼は放置され夜は軟禁状態にあったヴィクトールを、拘束せずに自由にさせ、できるだけ欲求に応えてやるようにした。これによって（ロデスにいた時のような）安定した状態をある程度取り戻すことができた。イタールが書いているところでは、「ことばができないだけで、見かけはふつうの子とほとんど変わらない」までになった。

次に始めたのは、温度感覚の訓練である。ヴィクトールが暑さ寒さに鈍感だったため、温度感覚が敏感になるように熱療法を試みた。長時間熱い湯を浴びさせ、乾布摩擦もした。その結果、ぬるま湯より熱い湯を好むようになり、夜中にベッドのなかで排尿することもなくなった（その不快感から、ベッドから出てするようになったのだ）。

イタールはヴィクトールの好奇心の喚起も試みた。しかし、いろいろなおもちゃを与えてみたものの、ほとんど関心を示すことはなかった。たとえばボウリングで遊ばせようとしたが、頑として嫌がり、そのピンを簡易便器のなかに隠したり、炉で燃やしたりする始末だった。不透明なコップをいくつか伏せておいて、そのなかにクリを隠して、当てさせるというゲーム（一種の空間的記憶課題だ）を試みたところ、正解しただけでなく、このゲームに熱中した。

ヴィクトールは散歩を好んだ。時にイタールが散歩に連れ出すこともあったが（ただし馬車で）、ゲラン夫人は、天候にかかわらずほぼ毎日、学校に近いリュクサンブール公園へと彼を連れ出した。さらにパリ天文台の庭にも足を運んだ。そこでは、天文学者のレムリがヴィクトールに牛乳を飲ませてくれた。ヴィクトールにとっては、それが楽しみの日課になった。散歩の時刻になると、夫人のまえに外出の支度に必要なものを並べ、牛乳用のカップを自分のポケットに入れるようになった。

ヴィクトールは、食べ物に関係する音には反応したので、音が聞こえていないわけではなかった。廊下でだれかが話していると、部屋のドアがちゃんと閉まっていることを確認しに行ったり、階段で

図16　映画『野性の少年』でヴィクトールに発声を訓練する場面。（Alamy Stock Photos）

聾唖の生徒の遊び声がすると、それが上からくるか下からくるかで、逃げる方向を変えたりした。イタールは、ヴィクトールの発声訓練も開始した（図16）。欲求のサインとして、eau《オー》（水）やlait《レ》（牛乳）を口真似させようとしたところ、レでは成功し、牛乳がある時にはレと言った。毎週日曜には、ゲラン夫人のジュリーという名の娘が学校に訪ねてきたが（10歳か11歳で、ヴィクトールとほぼ同年齢だった）、日曜にはリ、リを連発した。ゲラン夫人の口癖「あら、まあ《オー・デュー》」をまねて、「オー・ディー」とも言うようになった。

一方で、イタールは、聾唖学校でのシカールの方法にならって、ヴィクトールに実物と単語の対応関係を理解させることを試みた。まず実物－絵の対応関係から始め、それが習得できたので、次は実物－絵－単語（アルファベット文字）の対応関係に進んだ（図17）（註43）。これも習得できたように思えたため、イタールは絵を消し、実物－単語の対応関係をテストした。聾唖学校の生徒ならこの手順を踏むと容易にできるようになるにもかかわらず、ヴィクトールはこれがまったくできなかった。この試みは完全に失敗に終わった。

この失敗に懲りて、イタールは、簡単な見本合わせ課題から訓練することにした。見本と同じ形や色のものを複数の選択肢のなかから選ぶという課題である。これは難なくできた。しかし、課題を難しくして、選択肢の色や形を似たものにしてゆくと、苛立ち、怒り出し、癇癪の発作も出るようになった。極端な場合には、シーツや棚に噛みついたり、暖炉の灰や燃えさしを撒き散らしたりして、手がつけられない状態になった。パヴロフが「実験神経症」と呼んだことのある症状である（註44）。

イタールは、この状態になった時に、ショック療法を試みた。ヴィクトールの態度に激しく怒って

図17　映画『野性の少年』のヴィクトールに実物－単語の対応関係を習得させる場面。この試みは失敗に終わる。（Alamy Stock Photos）

いるように振る舞い、5階の窓を開け放ち、その窓からヴィクトールの体を突き出したのである。イタールは、ヴィクトールがゲラン夫人と天文台の展望台に上がった時に、震えて降りてきたことを知っていた。罰として高所の恐怖を味わわせてみようと考えたのである。これは効果があった。ヴィクトールは初めて涙を流し、それ以降は逆らわずに課題を遂行するようになった。

　イタールは、課題をアルファベット文字の見本合わせ課題に切り替えた。木枠のなかのマス目に書かれているアルファベット文字に金属製の同じアルファベット文字をおくという課題である。これはできるようになった。次の段階では、複数の文字からなる単語を見本として、それと同じになるように金属のアルファベット文字を並べる訓練に進んだ。これもできるようになった。そして最終段階では、朝食時に牛乳が出る時に、テーブルの上にLAITと文字を並べてみせた。すると、ヴィクトールはLAITと綴った！　これ以降、ヴィクトールは、牛乳が出てくる時には、LAITと綴るようになった。

この1週間後の夕方、天文台のレムリ邸のところに散歩に行く時に、ヴィクトールは4つの文字をポケットに忍ばせていた。なんと、レムリから牛乳をもらう時に、ヴィクトールはLAITと綴ったのである。

ゲラン夫人の存在とイタールの立ち位置

ヴィクトールが半年の間に、これだけのことができるようになったのには、なんと言っても、ゲラン夫人の存在が大きい。彼女は、母親のような存在として、ヴィクトールに愛着をもたせることができた。ゲラン夫人への愛着がなければ（すなわち、ヴィクトールにとって信頼できる存在がいなかったなら）、イタールの教育プログラムの成功はおぼつかなかったかもしれない（註45）。

ある時に町のなかで夫人とはぐれてしまうということがあった。再会した時、彼は泣きじゃくった。夫人が叱る時には、その声の調子がわかって、泣き出すこともあった。

一方、イタールの立ち位置は、その時々で変わり、愛着が形成されるところまではいかなかった。保護者としてヴィクトールの側に立つ一方で、教師として厳しさも示し（場合によってはヴィクトールに罰を与え）、また一方では、観察家（あるいは実験者や研究者）として冷徹な態度で臨む必要があった。ひとりで三役をこなさなければならなかった。ヴィクトールにとって、イタールは必ずしも安定した関係をもてる相手ではなかった。

第一報告の反響

イタールの報告の反響は大きかった。出版から1年をおかずに、ロンドンで英訳版も刊行された。ロシア皇帝アレクサンドル1世はこの報告に感動し、ぜひサンクトペテルブルクに来てほしいという招聘状をイタールに送った（もちろん、彼はそれを断ったが）。

精神医学の第一人者ピネルの診断は、27歳の若い医者によってくつがえされることになった。しかも、自分もメンバーである人間観察家協会の一般公開の講演会の場においてだった。

しかし、2人の間に確執があったわけではなかった。ピネルはそんな小さな度量の人間ではなかった。後述するように、ピネルはその後イタールの試みが成果をあげると、彼を応援した。イタールは、パリ医学校でのピネルの教え子だった。ピネルの著書も愛読していたし、終生彼を敬愛していた。

聾唖学校には、このイタールの成果、ヴィクトールを見ようと、また人が集まってきた。社交界もこの話でもちきりになり、イタールとヴィクトールはいくつものサロンへと出張した。

なぜ手話を試さなかったのか？

ヴィクトールは、イタールが教え込まずとも、いくつかのことが自然とできた。たとえば、ゲラン夫人がヴィクトールに水をもってこさせたければ、壺を引っくり返して、なかが空だということを示すだけでよかった。イタールが自分の髪をわざとくしゃくしゃにしてみたところ、ヴィクトールは櫛をもってきた。逆に、相手に自分の要求を伝える時にも、彼はそうした。水を飲みたい時に、水差しを叩くといったように（ロデス時代にもよくそうしていた）。食事の時は、自分で配膳したあと、皿を差し出して、台所で盛り付けてくるよう要求した。

イタールは、これらの能力をさほど重要視していない。というよりもむしろ、それが習得させようとすることの妨げになると考えていた。このイタールの姿勢は、手話に対する姿勢にも現われている。聾唖学校では、生徒たちは日常的に手話で頻繁にコミュニケーションをとりあっていた。ヴィクトールにも多少の手話を教え込めば、周囲とコミュニケーションをとりあうようになり、もしそうなれば、それを足掛かりにして、能力を伸ばしてゆける可能性があった。しかし、イタールはその可能性を探ろうとはしなかった。

イタールは手話の重要性を認めていなかったし、手話に先立つ動作言語（身振りやホームサイン）を文明以前の粗雑で原始的なコミュニケーション手段としてしか見ていなかった。ヴィクトールの教育にとって、手話はむしろ邪魔になるものだと思っていた。そもそも、聾唖学校にいながら、イタールは手話そのものを知らなかった。

ヴィクトールは音が聞こえていないわけではなかった。訓練の結果、多少の発音（レ、リリやオー・ディー）もできるようになった。イタールは、その残存する能力を鍛えてゆけば、ことばを聴き、言語音を発することができるようになると見込んでいた。少なくともそうした能力がほとんど残っていない聾唖の生徒に比べれば、それができるようになる可能性は高いように見えた。

実は、発声や発話に固執するイタールは、口話教育の強力な支持者でもあった。彼は、手話をコミュニケーションの足掛かりとしたレペやシカールとは反対の方向を向いていた。４章で述べるように、これは、フランスの聾唖教育にとってマイナスの結果をもたらすことになった。フランスでこの運動の中心にいたのは、人間観察家協会で重要な役回りをしていたドジェランドと彼だった。

森や雪や夜景に夢中になる

ところで、イタールの報告には、いま紹介したのとは趣を異にするエピソードも登場する。とり方によっては、詩的で牧歌的で、一種ノスタルジックな印象を与え、ヴィクトールが魅力的にさえ見える。それはヴィクトールの別の一面である。

ロデスにいた時、ヴィクトールは、南風の吹く夜中に興奮して声をあげた。イタールのもとでも、森や雪といった自然は彼を魅了した。たとえば、イタールがパリ近郊のモンモランシーにある友人の別荘に一晩泊まりでヴィクトールを連れていった時のこと。

その美しい丘や森を目にした時、彼の目や所作に現われた歓喜のさまは、そばで見ていて興味深く、感動的でもあった。馬車の窓越しでは、その貪欲な目は満たされないようだった。こちらの窓、あちらの窓へと身を乗り出し、馬の歩みがのろくなったり止まりかけたりすると、落ち着かなくなるのだった。

雪もそうだった。そして月明かりも。

雪がたくさん降った朝のこと。ヴィクトールはベッドのなかでそれに気づくと、歓声をあげて飛び起きた。まず窓に、それからドアに駆け寄り、その間をそわそわと行ったり来たりしたあと、半分裸のまま抜け出し、庭に降り立った。庭に出ると、甲高い叫び声をあげて喜びを爆発させ、雪のなかを走り、転げ回った。手いっぱいに雪をつかむと、それを思いっきり口にほおばった。

夜中、煌々とした月明かりが部屋のなかに差し込むと、彼はかならず目を覚まして、窓辺に立った。ゲラン夫人によると、しばらくの間身じろぎもせずに立ち尽くし、首を伸ばして、月に照らされた田園を見つめ、心はそこにはなかった。その沈黙と不動の状態は、それまで忘れていたかのように息をする時に破られたが、それは悲しげな音を伴っていた。

第一報告の最終部分――予兆

このような牧歌的な記述がある一方で、第一報告の最終部分はそれまでとは異なるトーンの謎めいた文章で締めくくられている。

もっと多くの事実、より決定的な事実を待つ必要がある。それとほぼ同じような理由で、私は若いヴィクトールの発達のすべてについて述べながら、彼の思春期については述べることができなかった。思春期は数十日前からほとんど爆発的な形で顕著になり、その最初の現われは私たちがごく自然なものとみなしているある種の感情の起源について多くの疑問を投げかける。しかしこの場合も、判断や結論を急ぎすぎてはならなかった。社会生活についてのもっとも甘美で慰めとなる観念や幻想を打ち砕いてしまうようなすべての考察を、時間をかけて熟成させ、のちの観察によって確証しても遅くはないと考えたのである。

この文章には不穏さ、あるいは不吉な予兆も感じられる。ヴィクトールには思春期が訪れかけていた。それがどのような影響や結果をもたらすのか。吉と出るのか兇と出るのか。6年後に刊行される第二報告で、それは明らかになる。

イタールの第二報告

前途が明るいように見えたヴィクトールの教育訓練だったが、これ以降はいくつもの苦難が待ち構えていた。イタールは、成功と失敗に一喜一憂し続けた。そして結局、どうしても乗り越えられない壁に阻まれ、1805年の半ばでその教育の続行を断念した。

この4年半にわたる試みを総括したものが第二報告である(註46)。この報告は、イタールが書こうと思って書いたものではなかった。1806年、ドジェランドの進言によって、内務大臣シャンパニーから是非にと(第一報告の続報として)求められて執筆したものだった。それは次のような文章で始まる。

アヴェロンの野生児について語ることは、もはやだれの関心も引かない名前をもう一度言うこと。もう忘れ去られてしまった存在を思い出すことである。

ヴィクトールの教育を断念してから1年。それはすでに、溜息をつきながら回想する苦い思い出になっていた。

第二報告は、感覚機能の発達、知的機能の発達、感情能力の発達ごとに分けて書かれている。ヴィクトールは結局なにがどこまでできるようになったのだろう？　なにができなかっただろう？　なにが教育の続行を阻んだのだろう？

感覚機能の訓練

第一報告では温度感覚の訓練が行なわれたが、第二報告では、聴覚、視覚、触覚が訓練された。

聴覚の弁別訓練では、目隠しをして鐘や太鼓の音、あるいは太鼓の各部分を叩いて出る音どうしの区別をさせることができた。次に言語音の弁別訓練に進んだ。イタールが5つの母音のどれかを発音し、目隠しをしたヴィクトールに、その母音に対応して5本の指のどれかを立てさせる訓練を行なった（Aなら親指、Eなら人差し指のように）。訓練の末、5つの母音の区別ができ始めたところで、ヴィクトールは困ったことをし始めた。指示通りにせずに、はしゃいだり、げらげら笑ったり、発作的な喜びを示したりした。叱ると、今度は、反応するのにおそろしく時間がかかるようになってしまった。ここでイタールは訓練を中止せざるをえなかった。

次に行なったのは視覚訓練である。第一報告にあるように、すでに金属製の文字は区別でき、それらを並べたものを区別することもできていた。今度は、黒板に並べて書かれたいくつかの単語のどれかをイタールが指で示し、隣の黒板に書かれたいくつかの文字列のなかからそれと同じものを選ばせた。訓練の末、ヴィクトールはこれもできるようになった。

触覚の訓練も行なった。あるもの（見本）を触り、壺のなかから同じものを取り出すという課題である。温かいものvs.冷たいものは容易にできたが、形については、弁別できるようになるのには時間がかかった。最終的には金属製の文字の弁別に進み、BとR、CとG、IとJといった似た形の文字どうしを弁別することができた。

このように、訓練の結果、感覚での弁別、とくに視覚と触覚での弁別がある程度できるようになったのである。

知的機能の発達

第一報告の終わりでは、ヴィクトールは牛乳を示すLAITという文字を並べることができるようになっていたし、前節で述べたように、その後視覚機能の訓練によって単語どうしの区別もできるようになった。

そこでイタールは次の段階に進んだ。ヴィクトールに手書きの単語カード（名詞）を見せ、その単語が示すものを別の部屋からとってくるよう訓練したのである。ヴィクトールはこれもできるようになった(註47)。しかも、一度にひとつではなく、複数の単語を見せても、それらをとってこれるようになり、最終的にはその数を4つにまで増やすことができた(註48)。

この課題を遂行するには、4つの単語がなにを示すかがわかって、しかもとりに行くまでの間それらを頭のなかに保持しておく必要がある。心理学で言う短期記憶（あるいはワーキングメモリ）の課題である。４つの項目までできたということは、ヴィクトールの短期記憶の保持能力がかなりのものであったことを示している。

次に訓練したのは形容詞と動詞である。LIVRE（本）という単語を見せたあと、大きな本と小さな本を並べておき、一方に大（GRAND）、もう一方に小（PETIT）という単語をおくという訓練をした。これができるようになったあとに、大小の釘を示すと、ヴィクトールは対応する形容詞をおくことができた。これをイタールは、軽重、強弱、明暗などでも訓練して成功した。

次は動詞である。これは、イタールが「投げる（JETER）」、「拾う（RAMASSER）」、「触れる（TOUCHER）」、「戻す（REPLACER）」といった単語を書き、鍵に対してその動作をする訓練をし、テストでは、鍵以外のものを使い、どれかの動作の単語を見せた時に、ヴィクトールがそのものを使って当該の動作ができるかを見た。ヴィクトールはこれにも成功した。

そのほか、書字の訓練も行なっている。その結果、文字が書き写せるまでになった。

最後に試みたのは口話の訓練である。聴覚がほとんど機能していないので、言語音の発声を視覚的に模倣するよう訓練したのである。しかしこれには完全に失敗した。

現在から見て理解に苦しむのは、記憶課題や書字課題がある程度できているのに、その能力をさらに高めたり応用させたりする方向に行かずに、発声を視覚的に模倣させるというまったく別種の訓練（口話の訓練）に切り替えている点である。イタールにとって、言語とは第一には音声言語であって、言語コミュニケーションができたと言うためには、なにがなんでも言語音の発声ができていなければならなかった。前述のように、手話の訓練を試みさえしなかったのも同じような理由からだった。

このように、イタールにとって、野生児の「文明化」の一歩は音声言語の習得だった。それができないということは、自分の実験的試みの失敗を意味した。ヴィクトールが単語と対象の対応関係をある程度習得し、短期記憶課題でもよい成績をあげたということを高く評価してしかるべきなのに、イタールはそうしなかった。音声言語の習得の失敗を重く受け止めて、全体的な成果を過少に評価した。

イタールのこうした試みは、その後セガンの知的障害児の教育に引き継がれた（セガンは病床にあった晩年のイタールに師事した。セガンの父はイタールのパリ医学校時代の友人でもあった）。イタールから1世紀後、イタリアのモンテッソーリも、イタールがヴィクトールで行なったような感覚訓練を知的障害児の教育に採り入れて、成果をあげた。しかし、イタール自身は、自分が行なった教育の成果を肯定的にとらえてはいなかった。

あまり言及されることがないが、こうした一連の実験のなかで、イタールは実験心理学の手法も先取りしていた。たとえば、関係の同一性の理解をテストするために、見本と同一のものを選択させる見本合わせ課題を用いていた。また、「実験者効果」（註49）も回避していた。ヴィクトールに、実験者（イタール）のいない場所から、指示した対象をとってこさせるという手続き（専門的には「盲検《ブラインド・》法《メソッド》」と呼ばれる）を採用し、この効果を回避していた。

感情の発達

では、感情の発達はどうだったのだろう？

ヴィクトールは、依然として森や田園に憧れ続けた。「美しい月明かりや雪におおわれた野原を眺めると、いつも同じように魅了され、吹きすさぶ風の音を聞くと、同じように有頂天になった」。その欲求はリュクサンブール公園や天文台の庭への日々の散歩によって多少は解消されてはいたが、「夏のすばらしい宵が訪れると、色濃い森を目にすると、あるいは散歩が邪魔されると」、その欲求は燃え立った。

一度学校を逃げ出して、北の方角の森に向かったことがあった。この時には憲兵隊に浮浪児と間違われて捕まり、2週間ほど拘留され、身元がわかって連れ戻された。ゲラン夫人と再会した時には、失神し、夫人の腕のなかで意識が戻ると、甲高い声をあげ、彼女の手を握りしめ、喜びを示した。イタールが逃げ出したことを叱責すると、涙を流した。ヴィクトールは、悲しい状況に際して、涙を頻繁に流すようになっていた。課題がうまくできない時にも、涙を流すのが観察された。

この頃、夫人の夫、ゲラン氏が病気で亡くなった。食事に際してのヴィクトールの仕事はテーブルに食器を並べることだったが、ゲラン氏の分を並べた時に夫人が悲しむのを見てとって、その食器を戸棚にしまい、その後はその食器を並べることはなかった。

ゲラン夫人への愛着を別にすると、ほかの人間に対してはどのような感情を抱くようになったのだろう？　これについてイタールの書きぶりは曖昧である。感謝の念や友愛を感じるようになったと書いている一方で、親切心、憐みや同情は見られないとも書いている。ただ、その行動が、他者を思わず、自己中心的なところは一貫して変わらなかった。

ヴィクトールが公正感をもっているか、イタールは（意地悪とも思えるような）次のようなテストもした。ヴィクトールが課題をうまくやっても、褒めなかったのだ。逆に、それまでとは態度をがらりと変えて、罰を与えた。ヴィクトールはこれに驚き、怒りを爆発させ、イタールに飛びかかって、その手に噛みついて歯型を残した。このような正当な復讐行為をしたことから、イタールはヴィクトールが公正感をもっていると判断した。

思春期の嵐の到来と教育の断念

しかし、思春期が来ていた。第一報告の最終部分で、イタールは不穏な予兆を記していたが、それは現実のものとなった。ヴィクトールは、去来する性的衝動をなににどう向ければいいのかがわからなかった。

女性にすり寄ることは何度かあったが、それ以上どうしてよいかわからず、逆にその女性を押しのけてしまったりした。こうしたヴィクトールの興奮状態を鎮めようと、イタールは入浴、食事療法、運動や瀉血などを試してみたが、ほとんど効果はなかった。興奮が始まると、ヴィクトールは涙を流し、衣服を引き裂き、半狂乱になった。教育や訓練するどころではなくなった。

しかし、イタールは、この思春期の到来を一方では恐れながら、もう一方では待ち望んでいた。彼は、性的欲求が出現することによって、自分の求める相手に対してそれをことば等で表現しなければならなくなって、それによって社会性にも知的能力にも大きな進歩が見られることを期待していたようだ。しかし、そうはならなかった。

イタールの報告には、その名は出てこないものの、どこかしらにルソーの香りが感じられる（イタールの報告の本文中には哲学者や思想家の名前はひとりも出てこない。唯一、第一報告の冒頭にコンディヤックのエピグラフがあるのみである）。イタールの時代にルソーの作品はよく読まれていたし、イタールの蔵書のなかでもルソーは重要な位置を占めていた（註50）。ルソーは、『人間不平等起源論』のなかで、「野生人」を純粋無垢な存在としてとらえていた（註51）。「野生児」ヴィクトールに対するイタールのオプティミズムは、このルソー由来なのは間違いない。

図18　ルソーとエミール。『エミール』（1777年版）のジャン＝ミシェル・モローの挿絵。
Gallica.bnf.fr/Bibliothèque nationale de France 所蔵。

ルソーは、小説の形式を借りて『エミール』という教育論も著している（註52）。これは、一人称で語る教師ルソーがエミールという仮想の男の子（孤児という想定だった）を育て上げる物語だった。孤児で無垢な子どもを教え導いてゆくという点で、イタールがしようとしていたヴィクトールの教育とは重なるものがあった（図18）。おそらくイタールはこの教育論の影響を強く受けていた。『エミール』のなかで、思春期は飛躍的な心の発達が期待できる時期（多感な時期）として描かれていた。イタールは、エミールの教師ルソーがそうであったように、思春期に起こる飛躍をヴィクトールに期待していた。

しかし、思春期は、エミールの場合とは逆方向に作用した。イタールの第二報告から引用してみよう。

これがあれほど待ち望んでいた問題の思春期だった。もし、この時期が彼の感覚に活動を集中する代わりに、彼の精神を活気づけ、彼の麻痺した心に情熱の炎をともしたならば、おそらく私たちの望みは叶えられたはずである。しかし、よく考えてみた結果認めざるをえないのだが、思春期現象の発達について、ヴィクトールをふつうの思春期の少年と同じように考えてしまったという点で、私は間違っていた。ふつうの思春期の少年なら、生殖器の興奮は、それ以前に女性への愛があることが多く、あるいは少なくともそうした愛を伴っているのがふつうである。欲求と関心との間の対応が、男性と女性の違いを習得しなかった者のなかに生じることはありえなかった。ヴィクトールの場合、この違いを漠然とでも理解するのには本能に頼るしかなかったが、しかしそれを自分の現在の状況にあてはめることはなかった。私は、もしヴィクトールにその不安の理由とその欲望の目的を教えてやったなら、計り知れない利益が得られると信じていた。しかしその一方で、そうした実験を試みることが許されたとしても、ヴィクトールにこの欲求を教えたなら、彼はほかの欲求と同じように、公然とその欲求を満たそうとして、とんでもない淫らな行為に及ぶことを恐れずにはいられなかった。そうした結果になることを恐れ、私はそこで思いとどまるしかなかった。それまで何度も繰り返されてきたことだが、思いもかけない障害をまえに希望が消え去ってゆくのをただ見ているしかなかった。

要はこうである。性的に成熟した（あるいは成熟しつつある）若者なら、その性愛の感情や性行為の成就のしかたを教えてやれば、おそらくうまくやるだろう。でも、ヴィクトールの場合はどうか。それをいったん教えてしまったら、社会生活がいかなるかを知らず、自分の衝動を抑えることをほとんど知らないのだから、欲求のままに行動してしまうのではないか。こうした懸念から、当然ながら、イタールはこのパンドラの箱（5章で述べるのとは別の種類の「禁断の実験」）を開けるわけにはいかなかった（註53）。しかしそれは、わずかな希望が潰《つい》えることも意味した。

ヴィクトールのマスターベーション

ヴィクトールはいつからかマスターベーションをするようにもなっていた。イタールが「ひとりでする習慣」と書いているのはそのことである。その時代、マスターベーションは、そのような婉曲的表現でしか書けなかった。しかも、他人の目を気にしないヴィクトールはそれを公然と行なった。それが見る者を唖然とさせた。

ルソーは『エミール』のなかで青年のマスターベーションについても書いている。彼は女性に対する性愛の代わりにそれをすることをきわめて有害と考えていた。マスターベーションをするヴィクトールを目のまえにして、イタールの頭のなかを去来したのは、ルソーの次のような文章だったかもしれない(これも婉曲的な書き方をしている)。

したがって、よく注意して青年を見張らねばならない。彼はあらゆるほかのものからは自分を守れるかもしれない。しかし、彼を彼自身から守ってやるのはあなたの仕事だ。彼を昼も夜もひとりにしてはいけない。少なくとも同じ部屋に寝なければならない。眠くて耐え切れなくなるまではベッドに行かせないように。そして目が覚めたらすぐにベッドを離れさせるように。それで済まされなくなったら、本能を警戒しなければならない。本能は単独ではたらいているかぎりはよいものだ。しかし人間の習慣と混じり合うと、それは怪しいものになる。本能を失わせてはならないが、規制はしなければならない。これはおそらく本能を失わせることよりもいっそう難しい。それがあなたの生徒に官能をだますことを教え、官能を満足させる機会に代わるものを教えるなら、きわめて危険なことになる。もし彼がそういった危険な埋め合わせ法を知ることになったら、絶望的だ。その後彼はいつまでも虚弱な身体と心をもつことになる。青年が虜《とりこ》になるもっとも有害な、そういう習慣の悲惨な結果を、墓に入るまでもち続けることになる。

マスターベーションは、だれかがおもしろがって、ヴィクトールに教えた可能性もある。しかし、隠れてするマスターベーションならまだしも、人目もはばからずにするマスターベーションは、社会生活という点では致命的だった。

イタールの行く手には、ヴィクトールの性の問題が立ち塞がった。大きすぎて、乗り越えられない壁だった。イタールは、4年半をかけたその試みをここで断念するしかなかった。

教育の断念の理由――イタール側の事情

実は、教育の断念は、イタール側の事情も絡んでいた。1804年から1805年にかけては、イタールにとって転機の時期だった。リュシアンに代わって内務大臣になったシャプタルは、もともとヴィクトールの教育に国の金を使うことを快く思っていなかった。ヴィクトールの世話係のゲラン夫人への手当を廃止することを何度も要求していたが、ついに1804年の中頃に、ヴィクトールを精神病院（パリ近郊にあったシャラントン病院）(註54)に移すことを提案してきた。イタールは、この提案を検討せざるをえない状況にあった。すなわち、教育の断念である。

一方で、イタールは1805年2月にヴァル・ド・グラースの軍医を辞職した（軍医として、昇してドイツへの転勤の話をもちかけられたが、これを断っただけでなく、軍医も辞めてしまった）。この直後、彼は聾唖学校勤務のまま、パリ市内に診療所を開設し、午前はそこで患者を診療し始めた。すなわち、開業したのである。

そしてもっとも大きな要因かもしれないが、1804年末には、人間観察家協会が消滅してしまった。研究の後ろ盾だった組織はなくなってしまった。それは、ナポレオンが皇帝となり、フランスが帝政へと移行した時期とも重なっていた。

さらに1805年5月には、故郷プロヴァンスにいる最愛の母親が亡くなった（父親も1808年に亡くなっている）。そして病も発症した。その病とは脊椎関節炎だった。

転機が来ていた。ヴィクトールの教育と入れ替わるように、イタールは、その年の5月から6人の聾唖の子どもたちに実験的教育を開始した。彼の関心はすでに次の新たなテーマに移っていた。

ワーカホリック、イタール

イタールの報告やトリュフォーの映画だけにもとづくと、1801年からの4年間、イタールはヴィクトールだけに関わっていたような印象を受ける。しかし、そうではなかった。

彼は、午前中は勤務医としてヴァル・ド・グラースにいた。これと並行して、博士の学位論文のための研究も行なっていた。肺気胸で亡くなった6人の患者を解剖しての病理学的研究だった。その研究論文は1803年6月19日に公開審査され、学位を授与された。

1802年には、イギリスの医師アンソニー・ウィリッチの『家庭衛生学』のフランス語訳も出版した。そして公刊されることはなかったが、新たな領域として小児精神医学についての大部の草稿も執筆していた（しかし結局は、ヴィクトールの教育の挫折を機に、精神医学の道を歩み続けることを断念した）。彼の日常は忙しかった。ティエリ・ジネストは、彼の仕事ぶりを「ワーカホリック」と称している（註55）。

その後のイタールについても触れておくと、1838年64歳で亡くなるまで、聾唖学校の医師で、かつ開業医であると同時に、耳鼻咽喉科学の研究を続け、精力的に論文や報告を書き続けた。１８１４年、レジオン・ドヌール勲章を受勲。１８２１年、大著『聴覚疾病論』を刊行。翌年、医学アカデミーの会員に推挙。名誉は彼について回った。

しかし、ヴィクトールの教育を断念したその頃に、脊椎関節炎を発症した。ワーカホリックである一方で、関節の痛みと腫れに苦しめられるようになり、それは彼の死まで続いた。

野生児ヴィクトールの教育という名声も終生彼について回ったが、第二報告の出版以降、彼はヴィクトールに言及することはなかった。それは、彼にとって苦い過去でしかなかった。

１８０５年以降のヴィクトール

１８０５年半ば以降、イタールはヴィクトールに関わることはなかった。それゆえ、１８１１年に聾唖学校を退去するまでの間、ヴィクトールがどのような状態にあったかはわからない。しかし、ひとつだけそれを知る手がかりがある。骨相学者のガルとその弟子のシュプルツハイムが彼を診ているのだ（註56）。

ガルはオーストリアのウイーンで骨相学を創始したが、その似非科学的な臭いを嗅ぎとった学者たちや皇帝ヨーゼフ1世の不興を買い、祖国を追放された。１８０７年パリに移り住んだガルは、この地でシュプルツハイムとともに骨相学的研究を深めていた。彼らとしては、この野生児を調べずにはいられなかった。

ガルらは、１８１０年（何月何日かは不明）に聾唖学校を訪れ、ヴィクトールを観察し、その頭部を計測した。彼らいわく、ヴィクトールは「額が横にやや広く、上がひしゃげていて、目が小さく奥まっていて、小脳はほとんど発達しておらず」、「完全な白痴」と言えた。

ガルらによると、ヴィクトールは身体をたえず揺すっていたが、行儀がよく、会う人にはかならずお辞儀をした。文字を知っていて、文字を並べてものを指示したり、部屋の片づけがよくできた。このように、ヴィクトールは、できていたことがまったくできなくなったわけではなかった。

ガルらは、ヴィクトールがそうするのを忍耐強く優しく見守る女性にも触れている。彼らにとっては、ヴィクトール以上に、ゲラン夫人の母親ぶりが印象的だったようだ。

聾唖学校からの退去

パリ国立聾唖学校は9歳から16歳までの聾唖の子どものための教育機関だった。ヴィクトールは、収容された時には12歳か13歳ぐらいだったが、いまは20歳を過ぎていた。在学期間も5年が上限だったが、それを超えていた。そして聾唖でもなかった。この学校においておく必然性はどこにもなかった。あるとすれば、シカールやイタールの教育の実験台としてある程度は成功し、それ以上のところへは行けなかった「記念碑」的存在としてであった。

シャプタル在任時から内務省が出してきた案は、精神病院に収容して、国が面倒をみるというものだった。しかし、学校側としては、この「記念碑」を学校からまったく切り離してしまうことにもためらいがあった。もうひとつには、「広告塔」として利用する時は利用だけして、要らなくなったら、お払い箱にしてしまうことに対する後ろめたさもあった。

しかし一方で、学校のなかに彼をおき続けることには大きな問題があった。その問題とはマスターベーションである。ヴィクトールは、発作的・衝動的に起きるこの行為を人目をはばかることなくやっていた。その行為を罰しても、効き目はなかった。隠れてするとか、しかるべき場所でさせることもできなかった。トイレットトレーニングのようにはいかなかった。この猛烈なマスターベーションを、見学者も、そしてこの学校の生徒たちも目にすることがあった。学校側は、生徒たちに悪い影響が出ることをおそれていた。彼らからヴィクトールを遠ざけておく必要があった。

ヴィクトールのこうした「悪癖」が関係しているのかどうかはわからないが、パリの聾唖学校はヴィクトールが収容されて数年後から男子生徒だけを収容する学校になり、ボルドーのそれは女子生徒だけを収容する学校になった。思春期の生徒を考慮して、男女別学のシステムを採用したのである。したがって、パリの聾唖学校は男性だけが居住する学校になった。

しかし、今度は別の問題が持ち上がった。女人禁制であるにもかかわらず、学校には例外的にゲラン夫人が住み込んでおり、そこを彼女の娘たちが日曜や休日に訪れていた。当局はこのことを問題にした。可能ならば、夫人をよそに移すことをしたかった。

そこで考え出されたのが折衷案である。ヴィクトールを精神病院送りにはせず、聾唖学校の管轄下におき続けるが、ゲラン夫人とヴィクトールの居場所は聾唖学校のなかにはないという策である。

学校から至近距離にある住居を学校が借り上げ、ゲラン夫人にはそこにヴィクトールと一緒に住んでもらい、国は彼にかかる費用を学校に払い、それを学校からゲラン夫人に支給する――ゲラン夫人はこの契約にサインした(註57)。その契約書には、この青年を人目にさらさないという約束の一文も含まれていた。夫人にはヴィクトールの養育費として年500フランが支給された。この金額は、聾唖学校の生徒ひとりあたりの扶養のために国から支給されていた額だった。

1811年7月、彼女とヴィクトールは聾唖学校を立ち退いて、そこから歩いてものの1分もかからないフイヤンティーヌ通りの住居に移った。

野生児に対する関心の喪失

それから1週間も経っていなかった。聾唖学校の管理官は、内務大臣から、野生児らしい青年のことを照会する手紙を受け取った（註58）。その青年は18歳から20歳。アヴェロンの東隣、ドローム県のロリオルでさまよっているところを発見された。身元は不明。状態はアヴェロンの野生児と酷似していた。手紙の内容は、この青年をどうあつかえばよいかという問い合わせだった。

聾唖学校の管理官は急いで、収容可能な年齢をとうに過ぎており、収容するにしても年間500フランがかかることを理由に、聾唖学校ではその子の教育や世話はできないと返答した。彼らは、事情をよく理解してもらえるよう、1週間前に退去したヴィクトールがそうだったように、その青年が生徒に悪い習慣や悪癖を蔓延させるおそれがあるとも書いていた。アヴェロンの野生児の実験的教育が多大な困難を伴い、しかも最終的には水泡に帰したことを強調し、いまいるドローム県の施設にそのままおくのが無難であると進言した。

野生児や野生人に対する知的関心は失せ、それに関わろうとする奇特な人間はもういなかった。潮は完全に引いていた。

アヴェロンの野生児関連年表

ヴィクトール、イタール		聾唖学校、人間観察家協会		歴史的事件、内務大臣	
				1789	フランス革命勃発
		1791	パリ聾唖学校、国立化	1792	共和国宣言
				1793～	恐怖政治
1797.3～	タルン県ラコーヌでの目撃、捕獲、保護、逃走、放浪			1795.1	総裁政府成立
		1799.12	人間観察家協会設立（シカール、ピネル、ドジェランド）	1799.11	ブリュメールのクーデタ、ナポレオン、第一統領に
1800.1	アヴェロン県サンセルナンで発見・保護	1800.1	シカール、パリ国立聾唖学校校長に復職	1799.12	リュシアン・ボナパルト、内務大臣に
1800.1	サンタフリックの養護施設に収容	1800.1	パリへの移送をアヴェロン県に要請		
1800.2	ロデスの中央学校に収容（ボナテールの観察）			1800.2	リュシアン、パリへの移送を命ずる
1800.8	パリへの移送	1800.8	聾唖学校に収容	1800.8	リュシアン、少年に謁見
1801.1	イタール、教育を開始	1800.11	ピネルの報告	1800.11	シャプタル、内務大臣に
1801	イタール『第一報告』提出・出版				
		1804	人間観察家協会解散	1804.5	ナポレオン、フランス皇帝に
1805	イタール、教育を断念			1804.8	シャンパニー、内務大臣に
1806	イタール『第二報告』提出				
1807	イタール『第二報告』出版				
1811	ヴィクトール、ゲラン夫人と聾唖学校を退去				
1828	ヴィクトール、死去				
1838	イタール、死去				

4章　舞台裏——人間観察家協会と内務大臣

舞台裏の4人

2章と3章の舞台はおもにパリの聾唖学校だった。4章では、舞台の裏手に回ってみよう。ここにも、重要な役割をはたした人物がいる。人間観察家協会、なかでもその中心メンバーのドジェランド、そして3人の内務大臣である。

人間観察家協会は、少年をパリに呼び寄せ、調査・教育をする上で決定的な役割をはたした。この協会を抜きにしては、アヴェロンの野生児という「事件」を語ることはできない。その仕掛人はドジェランド。アヴェロンの野生児を「歴史的事件」として陰でプロデュースしたのは彼だった。

内務大臣リュシアンは野生児をパリに呼び寄せ、シャプタルはその処遇を決め、シャンパニーはイタールの第二報告を出版物として残す上で決定的な役割をはたした。内務大臣が直接関係したということ（聾唖学校は内務省の管轄であった）は、この野生児の保護・観察・調査・教育がフランスという国をあげての（もしくは国公認の）プロジェクトだったということを意味した。

この4人なしには、「アヴェロンの野生児」は存在しえなかった。「アヴェロンの野生児」という事件はヴィクトールとイタールという2人だけの、あるいはゲラン夫人を加えた3人の閉じた物語ではなかった。このほかにも多くの人々が重要な場面で関わっていた。しかも数十万を下らない人々がヴィクトールを沿道から、あるいは聾唖学校で、あるいは公園で、あるいはサロンで見たことがあった。「アヴェロンの野生児」は、大きく動きつつあった時代に咲いた一輪の花、その時代の多くの人々が関わった歴史的事件なのである。

この章では、この4人と人間観察家協会、そして序章で頭出ししたように、いくつもの重要な出来事の同期性について見てゆく。この時代のダイナミックな社会的・政治的変化——ナポレオンがブリュメールのクーデタに成功し、統領政府を樹立し、そしてその4年半後皇帝になる——とも連動しているので、それらの変化も織り込みながら、時系列に沿って見てゆくことにしよう（関係する出来事が対照できるよう、章扉には年表を掲げておいた）。

ブリュメールのクーデタと内務大臣リュシアン

リュシアンは、ナポレオン・ボナパルトの６歳年下の弟である（図19）。コルシカ島で十代半ばから政治活動をしていたが、１７９２年にフランス本土に移住。９４年のテルミドールのクーデタでは逮捕されるが、まもなく釈放。９５年に樹立された総裁政府では、下院（「五百人会」と呼ばれた）の議長にまでなった。

総裁政府が樹立されてから4年、５人いる総裁のうちのひとり、シエイエスは陰で政府の転覆をもくろんでいた。１７９９年10月、ナポレオンは、エジプト遠征を指揮していたが、形勢が悪くなり、途中でフランス本国に戻っていた。シエイエスはナポレオンにこの計画をもちかける。同じくクーデタを企図していたナポレオンは、この計画に合流した。11月10日、ナポレオンは下院に乗り込んで、議員たちを説得しようとするが、強い抵抗にあって計画は失敗しかけた。

この時、議長であったリュシアンは機転をきかせ、議場の外にいた警護兵とナポレオン配下の兵士を説得し、議場を占拠させ、クーデタを成功させる。ブリュメールのクーデタである。その結果、統領政府が樹立され、ナポレオンは第一統領となって、政治・軍事の実権を掌握することになった。

図19　内務大臣、リュシアン・ボナパルト。ヴィクトールの移送を命じた時、彼は24歳だった。Museo Napoleonico 所蔵。

クーデタの功労者、リュシアンはこの新政府の内務大臣に任命された。この時、彼は24歳。翌年の11月に失脚するまで、1年弱の間内務大臣を務めることになる。このリュシアンがアヴェロンの野生児をパリに呼び寄せるのだが、それは次に紹介する人間観察家協会のドジェランドとの間に親交があったからだった。

ドジェランド登場

ドジェランドはリュシアンより3つ年上（図20）。リヨンで生まれ育った。聖職に就こうとしていたが、革命が起こったため、その道を諦めて軍役に就き、そのかたわら哲学的思索を深めていた。

1799年10月、ドジェランドは、学士院の「ことば《サイン》が観念の形成にどのような影響をおよぼしたか」というテーマの懸賞論文に応募して、めでたく入選をはたした（註59）。この登龍門をくぐることによって、彼は学問と政治の世界へと足を踏み入れることになった。その論文の内容は、聾唖教育や野生児とも深く関わっていた。

彼は入選時、アルザス地方のコルマールで軍務に服していたが、授賞式のためパリに出てきた（註60）。式に呼ばれた時の内務大臣はヌフシャトーだった。ところが途中で、ブリュメールのクーデタが起こって統領政府となり、内務大臣はリュシアンに代わっていた。

リュシアンは授賞式に立ち会った。ドジェランドと話すうち、彼の知性と学識に感銘を受け、年齢が近いこともあって、意気投合した。リュシアンは、自分の友として彼がパリにいることを強く希望した。ドジェランドはこの提案を快諾した。

折しもそのパリでは、人間観察家協会が創設されるところだった。パリにあって、ドジェランドはこの協会の立ち上げにも参加し、即戦力として活動することになった。しかも、彼は内務大臣と人間観察家協会をつなぐ重要なパイプ役にもなった。のちには内務大臣の片腕の秘書官として政治手腕も発揮することになる。

図20 「アヴェロンの野生児」の仕掛人、ドジェランド。L'Institut de France 所蔵。

人間観察家協会の設立

フランス革命は、学問――研究と教育――の再編成の機会をもたらした。聾唖学校や盲学校が国立の学校として機能し始めたのも、そうした変化のひとつだった。

1793年、パリ大学（ソルボンヌ）をはじめとしてフランス国内の大学はすべて閉鎖・廃止されてしまった。それに代わって、たとえば、1章で述べたように、95年には各県や主要都市に中央学校が設置されることになった。パリには、有名な2つのグランゼコール、高等師範学校《エコール・ノルマル・シュペリウール》（94年）と理工科学校《エコール・ポリテクニック》（95年）も設立された。当然、大学の医学部もなくなったわけで、医学教育の多くの場が失われた。2章で述べたヴァル・ド・グラース陸軍病院での医学教育の開始（96年）も、パリ医学校の設立（94年）も、こうした変化への対応だった。

王立アカデミーも廃止され、それにおきかわる形で、95年には、4つの部会からなるフランス学士院が設立された。こうした機運のなかで、いくつもの新たな学会が設立された。そのひとつが人間観察家協会だった。

1799年12月、学士院の裏手のセーヌ通りにあるロシュフーコー・ホテルに、専門を異にする研究者60人ほどが集まって、この学会が立ち上がった(註61)。医学者（ピネル、カバニス）、言語学者（シカール）、博物学者（キュヴィエ、ジョフレ、ジュシー、ペロン）、哲学者（ドジェランド、トラシー）、探検家・旅行家（ブーガンヴィル、ボーダン）、地理学者（ヴォルネー）、歴史学者、評論家など、多彩な顔ぶれだった。

人間観察家協会は、既存の学問領域にはまらない研究テーマ、「人間」や「人類」に集約されるテーマをあつかおうとしていた。そのモットーは、ギリシャのデルフォイの神殿に掲げられているソクラテスのことば「汝自身を知れ」(註62)。彼らは汝を人間全体にまで拡大した。人間自身のことをよく知ろうというわけだ。

彼らの関心の中心にあったのは次のような問題である。人間は生まれたばかりの時は「白紙《タブラ・ラサ》」の状態にあるが、まわりにほかの人間がいることによって社会化され（別の言い方をすると、教育され、あるいは文明化され）、言語を習得し、社会のなかでひとりの人間として生きることができるようになる。では、こうしたプロセスを経験しないとしたら？　自然状態にある人間とはどういう存在なのだろう？　ことばがわからず使えず、社会化や文明化もされていない人間とは？

しかし、現実にそうした人間はいるわけもなかった。それまでホッブズ、ディドロやルソーなど多くの哲学者・思想家が、自然人や野生人についてくどいほどに考察を重ねてきていたが、それは机上の空論、思考実験以上のものではなかった。

協会のなかの一部の者は、こうした自然人や野生人を文明化されていない異郷の民族や部族に見出せると考え、また一部の者は、言語ができない者の例を聾唖者のなかに見出し、また一部の者は、野生人を「狂気」をもった人々のなかに見出せるかもしれないと考えた。すなわち、野生人や自然人の片鱗を自分たちとは異なる人々のなかに見出せると考えていた。そして協会は、それを中心に据えて、人間のさまざまな習俗や風俗、言語や文化や社会の研究を構想していた。

アヴェロンでの「野生児発見」のニュースは、協会が設立されてすぐの時に飛び込んできた。自然人や野生人を考えようという協会がこれに飛びつかないはずがなかった。ドジェランドもシカールも、これこそが協会にとって千載一遇のチャンスととらえた。協会の旗揚げ興行として（そしてシカールの聾唖学校校長復帰第一戦として）、これ以上のものはありえなかった。

もうひとつの旗揚げ興行――ボーダン調査隊

協会のメンバーには、ブーガンヴィルやボーダンも名を連ねていた。ブーガンヴィルは、1766年から69年にかけて、ブードゥーズ号とエトワール号という2隻の調査船を率いて世界一周を初めて行なった探検家である。なかでも有名なのはポリネシアの探検調査で、ひとりのタヒチ人（アオトルーという名の青年だった）をフランスに連れてきたことでも知られる。その時に持ち帰った観賞用植物のひとつは、彼の名前をつけてブーゲンビリアと呼ばれるようになった。彼の記録は1771年に『世界周航記』として出版された。この翌年、ディドロはすぐさま『ブーガンヴィル航海記補遺』という架空航海記を書いてこれに応じ、逆にタヒチ人から見ると、西洋の社会や文化はどう見えるかを描き、痛烈な文明批判を行なった（註63）。

ブーガンヴィルが活躍したこの時代（すなわち、人間観察家協会が設立される20年から30年前）、イギリス海軍はクックの指揮のもとタヒチやオーストラリアの探検調査を行なっていた。未知の土地や地域そのものだけでなく、そこに生息する動植物、そしてそこで暮らす人間に対する関心が高まっていた。探検家ボーダンは、現地で採集した動物や植物を生きたままフランス本国に持ち帰ることでその名が知られていた。（珍しい植物を西洋に持ち帰るプラントハンターが活躍したのも、これを挟んだ前後の時代であった。あのダーウィンが博物学者としてイギリス海軍の調査船ビーグル号に乗り込んで世界各地を回ったのは、1831年から36年にかけてだった。）

1801年5月から4年をかけて、ボーダンは、ジェオグラフ号とナチュラリスト号の2隻の調査船を率いて、オーストラリア沿岸の地形、動植物、そして人間の調査を敢行した。人間観察家協会の会員であった博物学者のペロンもこれに随行した。こうして、オーストラリアの沿岸部に住む野生人の調査は、協会が力を入れる計画、もうひとつの旗揚げ興業になった。

動植物や鉱物の調査は、博物学的観点から体系的に行なわれる必要があったが、その地域の人間、文化や社会についてもそうする必要があった。それまでは、調査がなされたとしても、行き当たりばったりの面があった。そこでドジェランドは、その人類学的フィールドワーク（あるいはエスノグラフィー）のためのマニュアルを作成した（註64）。その作成にあたっては、これから調査に出発するボーダン調査隊が念頭におかれていた。

このマニュアルのなかで、ドジェランドは、なぜ野生人を観察することが重要なのかという意義を述べ、それまで行なわれた観察の欠点――観察の誤り、不正確さ、不十分さをもたらす要因――を列挙し、その上で調査でとくに注意を要する点と観察すべき項目を詳述している。

なにを調査すべきか、以下に列挙してみよう。しぐさ、言語（名詞、形容詞、動詞、前置詞、文法）、数、文字、絵、芸術、記号、記章、食料、身体的能力、睡眠、欲求、カニバリズム、衣服、精神病、知的障害、寿命、感覚、概念、意見や意思決定、神、不道徳な行為、想像力、注意、記憶、先見性、家族、父親の権威、婚姻、慎み、愛、結婚、離婚、単婚か複婚か、子どもの道徳教育、社会、政治、戦争、その原因、戦い方、軍隊、武器、和平、同盟、もてなし、財産、罪と刑罰、土地所有、産業、商業、娯楽、愛国心、宗教儀礼、司祭、墓、……。

これらは、20世紀半ばにアメリカの人類学者ジョージ・マードックが提案した文化項目分類（HR《フラ》

AF《ーフ》とも呼ばれる）のなかの項目リストのようにも見える。ドジェランドのそれは、人類学が誕生するはるか以前に構想されていた。

「ほかなる人間」への関心

こうした異郷にいる野生人も含め、「ほかなる」人間に対する関心や興味は、一般の人々も共有していた。とはいえ、当然ながら、それは学問的関心というよりも、見世物やエンターテインメントとしての色彩が濃かった（2章で述べたように、パリの聾唖学校の公開授業が人気だったのも、そういった要素があったからだった）。当時、パリには小人や巨人が来訪し、協会の研究の対象となっただけでなく、人々の目や耳を楽しませ、その好奇心を満たしていた。

たとえば、1802年にパリを訪れたナネット・ストッケール（註65）。バイエルン生まれのこの妙齢の女性（この時21歳）は95センチと小柄だったが、体は均整がとれていて、美しかった。聡明で、受け答えが機知に富み、音楽的才能もあった。人間観察家協会は彼女を調べ、公開講演会に登場させ、それには大勢の人が詰めかけた。それだけではなかった。パリでは何度も彼女のショーが開催され、社交界のサロンにも呼ばれ、ナポレオン夫妻を表敬訪問もした。ナネットは、彼女と同じぐらいの身長の若者、エスコート役のジャン・ハウプトマンを伴っていた。そして彼女の後ろには後見人と称する興行主も控えていた。彼女のことをニュースとして伝えた『ピュブリシスト』紙は、その記事のなかでペルピニャン出身の大男（身長1メートル97センチ）も近日中にパリにやってくると告げていた（註66）。

その2年前には、人間観察家協会は、公開講演会の席上で中国人青年チョン・A・サムを披露した(註67)。南京出身の23歳のこの青年は、同郷人たちとイギリス船に乗り組んでいたが、密輸しているところを、フランスの私掠船の臨検で捕まった。ほかの者は、ボルドーやヴァランシアンヌなどの刑務所に収監されたあと、本国へ送還されたが、彼は病気になってフランスに残された。ヴァル・ド・グラースで治療(孤独とホームシックで完全に参っていた)を受けていた時に、人間観察家協会のジョフレによる調査を受け、その結果の報告が公開の場で披露された。

そしてアヴェロンで見つかった野生児である。この少年も一般大衆の好奇心を掻き立てずにはいなかった。恰好の見世物になるのは間違いなかった。

リュシアン、パリへの野生児の移送を命じる

1800年1月下旬、野生児のことを知った人間観察家協会はすぐさま動き、ドジェランドを通じて、内務大臣のリュシアンにはたらきかけた。折しも、リュシアンは野生児発見のニュースを聞いて、興味をそそられたところだった。リュシアンは、2月1日付でアヴェロン県知事に少年のパリ移送を命じた。

リュシアンが関心をもたなければ、そしてドジェランドからの要請がなければ、野生児発見の出来事は新聞記事の空騒ぎで終わっていたかもしれない。かりに学者連中が呼び寄せたいと強く願ったとしても、アヴェロン県に対してそれをさせるだけの権限は彼らにはなかった。しかし、内務大臣の命令となれば、話はまったく違った。国家が少年を必要としているのだ。

とはいえ、命令はすぐに実行に移されたわけではなかった。6月になっても野生児はパリに送られてこなかった。これを知ったリュシアンは、即刻送って寄こすようアヴェロン県知事に再度命令を下した。有無を言わせぬよう、その手紙には740フランの旅費も添えられていた。野生児は7月20日にロデスを発ち、8月6日にパリに到着した。

1800年8月6日、パリ

8月6日は記念すべき特別な日になった。野生児がパリに到着しただけではなかった。日中には、人間観察家協会の初めての公開講演会も開催されたからである。

会場はロシュフーコー・ホテル。内容は、1日では足りないほどに、盛りだくさんだった。以下がそのプログラムである。まず、ジョフレが、協会設立から現在までに行なわれている研究について紹介し、続いてピネルが、精神病とその分類について新たな見解を紹介した。パトランは、カザンにいるロシア人とタタール人の習俗について報告し、ドジェランドは、前述のマニュアル、すなわち文明化されていない部族や民族を調査する際にとるべき方法、調査すべき項目について紹介した。ルブロンは、いまパリに滞在中の中国人の青年チョン・A・サムを会場に伴い、人類学的観点から、自分たちとは異なる人種、異なる文化のその青年について報告した。

続いて2章で紹介した聾唖学校のマシューーは、聾者としての自身の子ども時代について語った。これは、マシューがその場にいて、彼の書いた原稿をジョフレが読み上げる形で行なわれた（翌週この講演の第二部が開催され、参加者はマシューーに直接質問し、マシューーが手話と書字で答えた。その聡明で機知に富んだ答えはみなに強烈な印象を与えた）。最後にジョフレが再度登場し、生まれつきの聾唖者に調音のしかた（口話の第一歩）を容易に習得させるための新たな方法について話した。

中身の詰まった講演会だった。日中に知的刺激に酔いしれた参加者は、引き続いて夜には野生児到着の興奮に包まれることになる。

ドジェランド、イタールに加勢する

ドジェランドは、研究対象として少年をパリに呼び寄せるよう、内務大臣にはたらきかけただけではなかった。その後もキーパーソンとしてこの野生児に関わり続けた。

少年の到着後、人間観察家協会が少年の観察・診断のために組織した調査委員会は、3名のメンバーからなっていた。ピネル、キュヴィエ、そしてドジェランドである。精神科医のピネルはこの時サルペトリエール病院の院長とパリ医学校の教授を務めており、博物学者のキュヴィエはコレージュ・ド・フランスの教授だった。ドジェランドはピネルとキュヴィエとともに、この少年を子細に観察し、ピネルの報告会にも同席した。当然、少年が治療不能というピネルの見解も異論なく受け入れた。

しかし、その数カ月後、ドジェランドは、聾唖学校でイタールがこの少年の教育訓練をして、成果をあげ始めるのを目の当たりにした。それ以降、彼は考えを変え、少年が治療可能だとしてイタールに加勢する側に回った。協会でのイタールの報告の紹介役を買って出たのは彼だった。報告の講演会では、アヴェロンでの野生児の発見からパリ移送までの経緯、ピネルの診断内容、そしてイタールの成果をかいつまんで紹介し、水先案内人を務めた（註68）。しかも、イタールの報告の本文をイタール自身には読ませなかった。協会の書記のジョフレに読み上げさせ、イタールがピネルの直接の反感を買わないように配慮もした。

ドジェランドは、パリの社交界にも頻繁に出入りしていた。時のスターとなった野生児ヴィクトールを各方面に紹介して回ったのも彼だった。彼は、2章で紹介したレカミエ夫人のサロンにヴィクトールとイタールが招かれるように段取ることもした。

内務大臣、シャプタル

少年がパリに到着したその月の末（8月30日）、リュシアンは自宅に野生児を招いて、歓待した。リュシアンは自分が呼び寄せた野生児に会うことができてご満悦だった。

しかしその3カ月後の11月、リュシアンは失脚した。兄のナポレオンと仲違いをして（それはナポレオンが自分の後釜を狙っている弟の野心を知ったからだった）、大臣を解任されてしまったのである。

ナポレオンが次の内務大臣に指名したのは、化学者で公教育に詳しかったシャプタルだった。リュシアンと違って、このシャプタルは、イタールやシカールにとって難敵だった。というのは、シャプタルは野生児の教育になんら意義を認めなかったからである。

にもかかわらず、ヴィクトールは聾唖学校に居続けた。それは、シャプタルとイタール側との間で交わされた次のような攻防戦の結果だった。

ヴィクトールは聾唖児の資格で収容されていた。１８０１年1月からイタールはヴィクトールの実験的教育を開始し、そうする旨を当局（最終的には内務大臣）に申し入れた。それに伴って、2月にはヴィクトールの養育係としてゲラン夫人を雇った。しかし翌3月、シャプタルは、ピネルの診断を重んじて、ピネルが治療不能という診断を下しているのだから、その子を教育するのはまったくの無駄でしかなく、精神病院に収容すべきと判断した。

これに対して、イタールは、5月にシャプタルにあてて自分の実験的教育が成果をあげつつあるという報告書を提出し、実験的教育の期間の延長を嘆願した。シャプタルは、当初はこれを認めるつもりはなかったが、8月にイタールの報告が人間観察家協会の講演会の席上で披露され、それを印刷した小冊子が9月に出版されて高い評価を得たため、6カ月の猶予を与えることで譲歩した。

猶予期限が迫った1802年の3月、イタールはその後の少年の進歩の状況についての報告書を提出し、さらなる猶予を求めた。この時シャプタルは、校長のシカールがどんな考えでいるのか意見を求めた。シカールは（当然ながら校長として）その実験的教育には価値があって、延長すべきという意見を述べ、さらに最初の診断を下したピネル本人から、その少年が回復や進歩の余地があるという文書にサインしてもらっていた。すなわち、シカールは、ピネルがイタールの企ての可能性に期待したいという言質《げんち》をとるという策に出た。これは功を奏した。ピネルとシャプタルは若い頃（モンペリエ時代）からの親友であり（註69）、シャプタルは親友ピネルの意見を重視し、延長を認めることにした。

さらに2年が過ぎた。1804年5月、シャプタルは、聾唖学校の会計状況を調べ、この野生児の養育と教育にお金がかかりすぎていることを再度問題にした。もともと回復の見込みがないとされた子どもを国立学校のお金を使って回復させようとするのは、もはや茶番にしか映らなかった。

6月、シャプタルは、これ以上継続を認めるわけにはいかないと学校側に通告した。ヴィクトールをシャラントン精神病院に収容するというのである（実はこれは特別な計らいだった。註54参照）。ただし、代案があれば、それを検討してみるとも書いていた。学校を管轄する行政府は、イタールと相談して、ヴィクトールを精神病院に入所させるが、イタールが随時訪問して教育をし続けることができるようにするという妥協案を提出した。

しかし、その書類にシャプタルが目を通すことはなかった。なぜなら、提出したまさにその時、シャプタルは内務大臣の職を辞したからである（註70）。

シャプタルの配慮

イタール側から見ると、シャプタルは、情け容赦のない、冷酷な権威者のように映る。しかし、より公平な目で見ると、必ずしもそうとは言い切れない面もある。彼がヴィクトールがどうあつかわれているかをつねに気にかけていたようにも思えるからである。

イタールは午前中はヴァル・ド・グラースに勤めていたし、研究もしていたので、ヴィクトールに関われる時間は限られていた。ゲラン夫人による世話もあったものの、四六時中彼を見ていたわけではなかった。この2人が関わらない時間帯には、ヴィクトールは外部者に対して「見世物」になっていた。2章で紹介したように、シャプタルはこれに苦言を呈した。シャプタルは聾唖学校があくまでも教育機関であって、教育の成果が見込めない者をおいておくべきではない（しかも多額の国費を使ってまでそうすべきでない）と考えていたし、ましてやその者を「見世物」にして、お金を得たりしているのは言語道断と思っていた。さらに言えば、おそらくシャプタルの耳には、ヴィクトールが人目をはばからずにマスターベーションをするという情報も入っていた。

１８０４年６月にシャプタルがヴィクトールの聾唖学校在籍を認めないという最後通告をした時、ヴィクトールの教育には、性の問題という大きな壁が立ちはだかり始めていた。イタールは、自分の試みが暗礁に乗り上げたことを認めざるをえないところまで来ていた。そして煩悶の末、ヴィクトールの精神病院送致を受け入れることに腹を決めるのである。それは実質的に教育の断念を意味した。しかし運命のいたずらで、シャプタルは内務大臣を辞任し、精神病院送りは避けられることになった。

シャンパニー、イタールに第二報告を書かせる

ナポレオンが次の内務大臣に指名したのはシャンパニーだった。シャンパニーは軍人から政治家になった人物で、シャプタルのように厳格ではなく、温和な人間として通っていた。

シャンパニーは、内務大臣を引き受ける条件として、彼がその能力を高く評価するドジェランドを秘書官として付けることを要望した。おそらくナポレオンはこの要望に懸念をもったはずである。ドジェランドは彼が左遷した弟リュシアンとも親交があり、ナポレオンが好ましく思っていなかった人間観察家協会の主要メンバーでもあったからである。しかし、シャンパニーのたっての願いとあって、ナポレオンはこれを聞き入れた。ドジェランドは、シャンパニーの片腕としてさまざまな方面で活躍

することになる。ヴィクトールについては、シャンパニーは、ドジェランドの助言を受けて、引き続き聾唖学校におき、ゲラン夫人に給料を支払うという判断を下した。

当初、イタールは、ヴィクトールの実験的教育について総括的な報告を書くつもりはなかった（なぜならそれが失敗だったから）。ドジェランドは、シャンパニーにこの教育の重要性と価値を説き、それを総括する報告書をイタールに書かせるよう進言した。それは、ヴィクトールを精神病院送りにせず、聾唖学校におき続けるためにも必要なことだった（報告は、彼を学校においておくための根拠資料にもなった）。シャンパニーからの熱い要請を受けて、イタールは１８０６年の夏に第二報告を書きあげ、シャンパニーに提出した。

シャンパニーは、この報告書を学士院のメンバーに閲読させ、学術的にそれがきわめて有益だという評価を得て、翌年にそれを出版させた。もしドジェランドとシャンパニーのこうした介入がなければ、イタールの報告は第一報告だけで終わっていたはずである。

ドジェランドが残したもの

アヴェロンの野生児を事件化（あるいは歴史化）したという点で、ドジェランドの功績は大きい。しかし、彼の功績はそれだけにとどまらなかった。前述のように、人類学的なフィールドワークのマニュアルを作成したのは、そのひとつである。彼は、こうしたフィールドワークが、西洋人にとっては未知の（とりわけ、文明化されていない、すなわち未開の）民族や部族に対してだけでなく、音声言語を使用しない聾唖の人々に対しても行ないうると考えた。現代風の言い方をするなら、聾文化のフィールドワークである。さらには、病院という特別な社会のなかの人間（究極は精神病院のなかの精神病患者）に対してフィールドワークを行なうことも提案している。これも炯眼と言わざるをえない。現代の文化人類学的研究のなかには、病院をフィールドワークにしているものもあるからである。

前述のように、ドジェランドのそのデビュー論文には、聾唖者と言語の問題が含まれており、彼は、人間観察家協会の創設の頃からすでに、パリ聾唖学校の教育に関わっていた。彼は、聾唖の子どもたちがさまざまな複雑な観念をもつようになるために早期に言語を習得すべきだと考えたが、それは手話を通してではなかった。彼にとって、手話は真の言語ではなかった。聾唖の子どもたちには（音声が聞こえていないにもかかわらず）言語音の発声のしかた（調音）を教え込み、話している相手の唇の動きから発音を読みとるやり方を教え込む必要があると考えていた。すなわち、口話や読唇の教育である。イタールもこの考えに与《くみ》した。前述のように、彼はヴィクトールに手話を教えることはなかったし、彼自身手話を覚えることもなかった。

パリ聾唖学校では、レペやシカールが手話を足掛かりにした教育を行なってきていたが、シカールの死後（彼は1822年に亡くなった）、イタールとドジェランドはその流れをさえぎり、教育の重点を口話に切り換え、生徒には手話の使用を禁じた。彼らは、社会的適応という点から、聾唖者に健常者のコミユニケーション手段を習得させるのが最善と考えていた。彼らの考えは当時のフランスの聾唖教育の政策や方針に反映された。ドジェランドは聾唖学校を管轄する内務省の中枢にいたし、イタールも聾唖学校で強い発言力をもっていた（註27も参照）。

ドジェランドは1827年に『生まれながらの聾唖者の教育について』という著書を出版し、そのなかで口話教育を唱道した(註71)。イタールも、ドジェランドの支持を得て、聾唖学校に調音のクラスを設けて、生徒に(本人には聞こえない)発音の訓練を行ない続けた。イタールがその訓練が不毛であることを実感し始め、手話教育の有効性をようやく認識するのは、晩年になってからだった。

ハーラン・レインは著書『手話の歴史』のなかで、この2人がフランスの聾唖教育にいかに禍根を残したかを切々と述べている(註72)。手話を排斥し禁じる口話教育が有効でないことが認識され、フランスが手話を基本とした教育に戻るには、また長い時間を必要とした。

ナポレオンと協会の解散

1803年1月、ナポレオンは、学士院の再編成をはかり、そのなかの第二部会(「精神と政治の科学部会」)を思弁的で実用に適さないとして廃止した。これは、自分の反対勢力になるおそれのある学者たちを分散させるという目的があった。それは、前世紀以来続いてきた百科全書的・啓蒙主義的な知の総合の動きも弱めるように作用した。同時に、人間を総合的に理解しようという企て(すなわち、人間観察家協会の企て)を阻止することにもなった。1804年6月、ナポレオンは皇帝に即位して絶大な権力を手にし、時代は次のステージに移りつつあった。

1804年末、人間観察家協会は事実上解散霧消した。その会員たちは、それぞれ本来の専門領域に戻っていった。彼らは本業に専念して、各自の道で成果をあげることになる。イタールも耳鼻咽喉科学に専心し、その道で業績をあげていった。

自然人類学や文化人類学を包含する人類学が体系的な学問領域として産声をあげるのは、1850

年代以降である（註73）。いまではほとんど忘れ去られているが、その50年ほどまえ、フランスでは、このようにそれぞれが自分の専門を持ちながら、人類学的なテーマに取り組もうとした時期があった。

実は、この協会の存在と活動が知られるようになるのは、20世紀も後半になってからだった。それまでの2世紀近い年月の間、この協会の存在はほぼ完全に忘れ去られていた。継承者がだれもいなかったことと、協会独自の学会誌をもたなかったことがその大きな原因かもしれない。当時の個々のメンバーの活動（たとえばドジェランドが人類学的フィールドワークのマニュアルを著していたことなど）については再評価がなされることはあったものの、協会そのものの全貌が明らかされたのは、1978年のことである。それは、人類学者ジャン・コパンとジャン・ジャマンによる資料発掘の賜物だった（註74）。

人間観察家協会の旗揚げ興業、ボーダン調査隊は、4年をかけたオーストラリア調査を終えて本国に帰還した（隊長のボーダン自身は、この旅の途中、モーリシャス諸島で病死した）。しかし時代は移っていた。彼らを鳴り物入りで送り出した協会はなくなっていた。

5章　禁断の実験

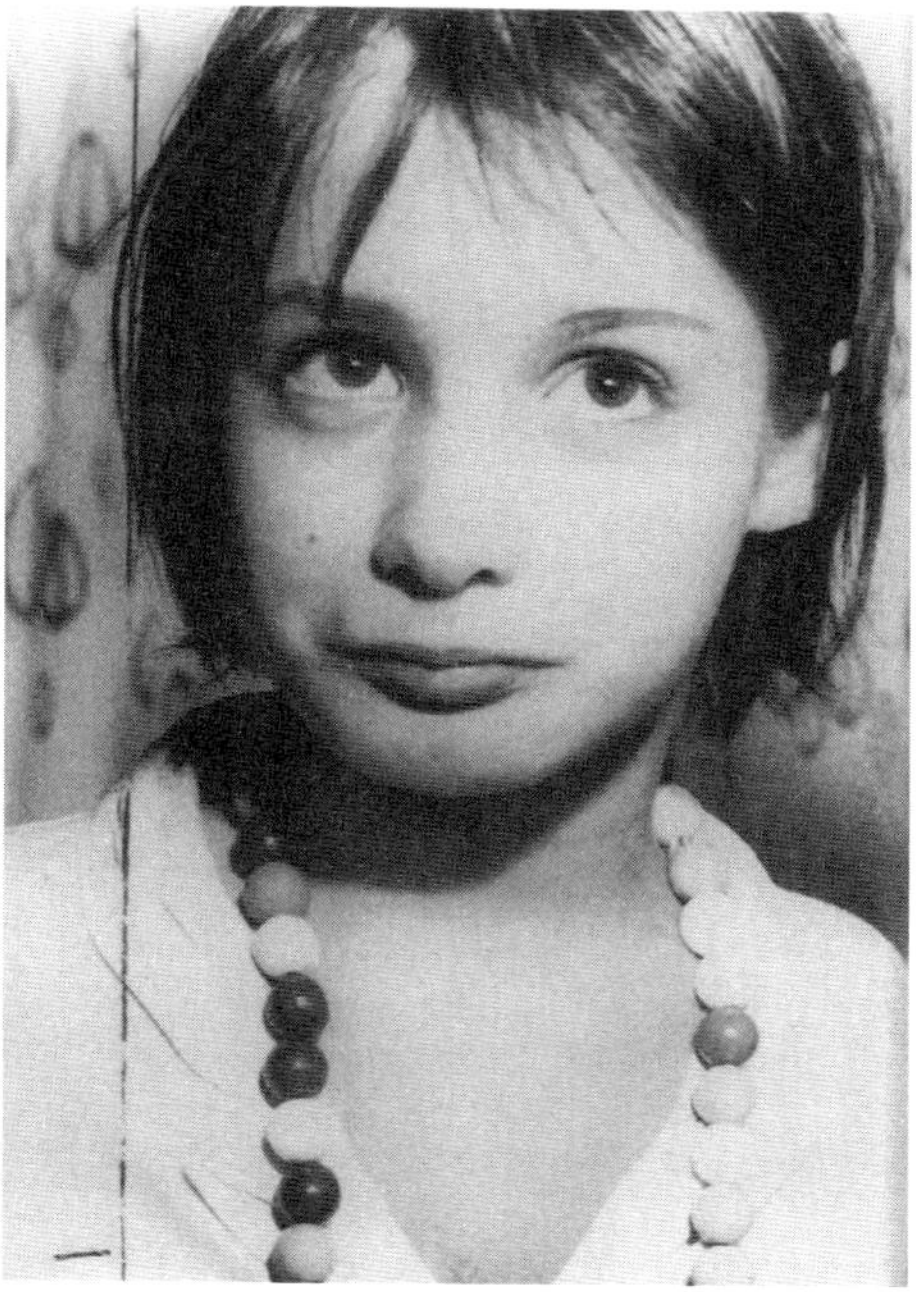

図21　1970年にロサンゼルスで保護されたクローゼットチャイルド、ジニー。（Wikimedia Commons）

禁断の実験

1800年8月6日、夜半のパリに野生児が到着したその日。昼間に開催された人間観察家協会の講演会の席上、書記のジョフレは次のような研究テーマで懸賞論文を募った（賞金は600フラン）（註75）。

生まれたばかりの子どもを、まわりのものや人々からの影響によって発達が大きく促進あるいは阻害されるようになる時まで日々観察し、その身体的能力や心的能力の発達の順序を明らかにすること。

この時代、生まれたばかりの子どもが「白紙」状態であって、そこに経験を通してさまざまなことが書き込まれてゆくと比喩的には考えられていたものの、ではそうした初期発達が具体的にどのような経過をたどるのかを調べた者はいなかった。

自分の子どもの初期の発達過程を観察して記録したのは、ダーウィンを嚆矢《こうし》とする（発表は1877年）。アメリカの発達心理学者ゲゼルが乳幼児の一連の身体的・心理的発達の記録・観察を始めたのは、1910年代になってからだった（註76）。協会が提示した懸賞論文のテーマがいかに時代を先取りしていたかがわかる。とはいえ、実際にこれに応えて乳児を観察して記録をつけ、論文を書いた者がいたかどうかは不明である（いたとしても、3年半後に協会は消滅してしまった）。

しかし、人間観察家協会が夢見ていたテーマは、実はこれよりはるかに過激なものだった。ジョフレは、協会が人間の身体的・知的・心的能力の漸進的発達を追うために、政府のお墨付きを得て、次

のような実験を試みるべきだと言っていた(註77)。その実験とは

男女同数の4人か6人の子どもたちを生まれた時から、人間社会から隔離されたところでひとつの囲いのなかにおき、自然の本能だけで、観念や言語の発達を断念した状態で、12年や14年の間注意深く観察すること。…(中略)…子どもを、生まれた時から、私たちの習慣、教育、既成観念、言語から隔離した状態において、すべての人間に与えられている本能と自然状態だけによって行動させ自分を表現させること。

それまでこれと似たような実験を行なったとされる好奇心旺盛な(もしくは悪趣味な)支配者は少なからずいた。たとえば、ヘロドトスの『歴史』に登場する古代エジプト王のプサンメティコス3世。彼は、羊飼いに命じて、生まれたばかりの平民の2人の赤ん坊を、人間のことばを一切聞かせないようにして育てさせ、最初にどのような単語を発するかを見た。プサンメティコスにとっては残念なことに、最初に発したのはエジプト語ではなく、ほかの言語の「パン」を指す「ベコス」ということばだった。神聖ローマ帝国のフリードリヒ2世も、スコットランド王ジェイムズ4世も、インドのムガル帝国の皇帝アクバルも似たような実験を行なったとされる(註78)。

これは、絶大な権力をもつ施政者にしかできない残酷な実験である(註79)。ジョフレは、そうした実験であることを承知の上で、国家の後ろ盾のもとにそれができぬものかと言っている。その実験によって、言語がどのように発生するか、人間の知的・言語的・社会的能力についてどの部分がどれぐ

らい生得的で、どの部分がどれぐらい社会的環境によるものなのかが明確になるはずだという。それまでこれらの問題について机上では哲学的にさまざまな議論や論争が展開されてきたが、この実験をすることで決着がつけられるだろう（註80）。

しかし当然ながら、それをするのは倫理的に許されることではなかった（註81）。学者がそれらの問題に対する答えを得るのと引き換えに、実験台になった子どもたちは必然的に途方もない犠牲を強いられる。ロジャー・シャタックが「禁じられた実験」（もっと重い訳語を採れば「禁断の実験」）と呼ぶゆえんである。

アヴェロンの野生児は、この倫理的に許されざる実験に近いものが現実に起こった可能性を示していた。人間観察家協会がこの野生児発見のニュースに飛びつかないはずがなかった。

「野生児」と言うからには

しかし正確には、「アヴェロンの野生児」は、協会が夢想した実験に代わるものにはなりえない。というのは、実験に必須の条件の統制がなされていないからである。この「野生児」がサンセルナンで発見・保護される以前にどんな生活を送っていたか――直近の3年間は森のなかで暮らしていたことは推測されるにしても――はまったく不明である。

そもそも、1章で述べたように、野生児かどうかも疑わしい。「アヴェロンの野生児」とカギカッコに入れて表記するのはそうした理由からである。1章で述べたように、アヴェロン県の関係者は、少年が野生児ではないと思っていた。ピネルも野生児ではないという診断を下した。聾唖学校のシカールも、少年の教育を放棄した時点で、少年が野生児だという見方を撤回し、重度の知的障害をもつ子だという見解にスイッチしている。イタールも、少年の教育を断念する頃には、野生児という見解はもうとっていなかったように見える。

「野生児」と言うからには、森のなかでひとりで暮らしていたというだけでなく、かなり幼い時から人間社会とは隔絶した環境のなかで生きてきた（すなわち、人間的環境の影響を受けていない）ということでなければならない。そしてもうひとつ、もとは身体的障害も知的障害もなかったことが保証される必要がある。

ヴィクトールはこの2つを満たしていない。ひとつめについて言えば、発見までの生活史がまったくわかっていない。2つめについても、身体的障害も知的障害もなかったとは言い切れない。むしろ、次に述べるように、その行動の特徴から、社会的隔離の影響以上に、もともとなんらかの重い障害をもっていたことがうかがえる。

自閉症であったという解釈

いくつかの障害のなかでもっとも疑われるのが自閉症である。ウタ・フリスなど自閉症の専門家は、ヴィクトールには自閉症の特徴的行動が数多く見られることを指摘している（註82）。小児が発症する自閉症の存在は、1943年にアメリカの精神科医のレオ・カナーが11人の子どもたちの症例を報告して、初めて明らかになった。ピネルやイタールの時代には知られていなかった障害である。

自閉症では、コミュニケーションの障害をはじめ、身体をたえず揺らすといった常同行動、ものの位置に対する執拗なこだわり、変化に対する抵抗や拒否などがよく見られる。ヴィクトールは、これらすべてに該当する行為を示している。たとえば、インゲン豆の莢むき行動が示しているように、彼にとって決まった手順や配置があり、それらが変えられることを極度に嫌がった。ものが所定の場所にないと落ち着かず、それをもとの場所に執拗に戻した。眠る時間になったら、なにをおいても、断固眠った。身体をたえず揺すっていた、などなど。

カナーによる症例の報告から40年後、1980年代に入って、自閉症の中核には、他者の心の状態（他者がなにを思い、なにを感じ、どのような感情状態にあるか）を推測する能力の機能不全や欠如があるということが明らかにされた。いわゆる「心の理論」と呼ばれる能力の不在である。イタールも述べているように、ヴィクトールは、その行為のほとんどが自己中心的《エゴイスティック》であり、他者の目を気にすることがなく、羞恥心がなかった。あたかもまわりに人がいないかのように振る舞うこともあった。

こうした自閉症は周囲の社会的環境によって生じるのではない。ヴィクトールのもつこれらの自閉症的行動特性も、おそらく生来的なものであって、森のなかで単独で暮らしてきたために身についたものではないように思われる。もちろん、社会的隔離が長かったために、それらの傾向がさらに強められたということはありえるにしても。

後述するように、13年間社会的環境を剥奪されて育ったジニーは、言語がほとんど習得できなかったものの、このような自閉症的な症状を示していない。さらに、長い間地下牢で社会的隔離の状態におかれていたと推測されるカスパー・ハウザー（註30参照）も、自閉症の特徴を示していない。彼は、最初はことばがほとんどできなかったものの、社交的で、その後ことばを覚え、他者とコミュニケーションをとることに熱心だった。これらのケースと比べると、ヴィクトールの自閉症的特徴（しかもかなり重度の）は突出している。

幼少期のヴィクトールについて推測できること

前述の通りだとすれば、ヴィクトールは9歳頃から森のなかで暮らし始めたことになる。幼いほど森のなかで自力で生き延びるのが難しいということから考えて、またゲラン夫人との間に愛着が形成されたことから考えても、単独で生きられるようになる時期までは人の手で育てられた可能性が高い。森で暮らすようになったのが、遺棄されたからなのか、どこからか逃げてきたからなのかはわからない。また、それまで軟禁・隔離されていたのか、あるいは虐待や暴力がどの程度あったのかもわからない（喉の傷はそれを示しているにしても）。ただ、ギローがロープを取り出すと、縛られやすいように自分から両手を差し出したというエピソードは、一時期拘束されたことがあった可能性を示唆する。

不明な点は多いにしても、総合的に考えて、ありうるストーリーは、もともと自閉症や言語障害などの重い障害をもった子だったため長期にわたって軟禁・隔離（もしくは虐待も）され、最終的には森に遺棄され、生き延びたというものだろう。ボナテールが記していた「冷酷非情な両親は、その子がことばの能力が身につかなかったため、6歳頃に遺棄した」という噂は、遺棄の年齢はともかく、より真実に近いのかもしれない。

森の生活と自閉症

しかし、自閉症の子どもが森のなかで自力で生き延びたりできるだろうか？『アヴェロンの野生児研究』の著者ハーラン・レインやフランスの精神科医ルイ・ゲイラルなどは、できないと答えている（註83）。その能力から言って、ひとりで生き延びられるわけがないという。逆に彼らは、生き延びることができたのだから、もとは健常な子どもだったという主張を展開している。健常だった子が森のなかで長い間——言語習得の臨界期を過ぎるまで——孤独で、社会的刺激のない生活を送った結果、あのような状態になってしまったというのである。

一方、自閉症研究の第一人者、ウタ・フリスは、ヴィクトールが自閉症だったからこそ生き延びることができたと主張する（註84）。そう考える理由として、フリスは、自閉症の人のなかには、痛みや飢え、暑さや寒さなどに苦痛を訴えることなく耐えることができる人がいる点、そして自閉症児はほかの人間がいない孤独な環境のほうがむしろ平気だという点をあげている。フリスの言うように、社会性を必要としない森のなかの生活においては、自閉症が（有利とは言わないまでも）不利にははたらかなかった可能性がある。

食べることに関しても、自閉症であることはおそらくマイナスにははたらかなかった。ヴィクトールは、食べることに驚くほど貪欲だった。余った食べ物を埋める、ジャガイモを焼いて食べるといった習性も身につけていた。ボナテールのところでは、インゲン豆の莢むきを得意としていた。聾唖学校のゲラン夫人のもとでは、食事の時に、テーブルに食器を並べるのが彼の役目だった。

ヴィクトールは森や林や自然に魅せられていた。森のなかでは水を得た魚のようだった。むしろ人間社会のなかにいないことが彼を強靭にしていた。聾唖学校で、彼に薪用に木材を鋸で切るという作業が与えられたことがあったが、彼はひとりでするこの仕事を嬉々としてこなした（註85）。そうした彼ならではの性質が森のなかでの生活を支えていたのだろう。

言語習得の臨界期

イタールは、ヴィクトールに単語とそれが示すものとの対応関係を習得させることはできたものの（註86）、それより先に進むことはできなかった。ごく初歩的な言語習得の入口にとどまったままだった。

これについて、イタールは、第二報告の結びで、ヴィクトールは不活動の期間が長かったため、知的能力の発達は緩慢で困難なものになり、どんな強力な方法を使ったとしても、成果をあげることは難しいだろうと述べている。言語能力について言えば、それを習得し使用する経験を長期にわたってもたなかった（それに関係する器官も使わなかった）ため、あとから習得の機会が与えられても、もうできるようにはならなかったということになる。

イタールの時代にはもちろん、言語の習得に臨界期があるといったことは知られていなかった。その存在が本格的に認識され、議論されるようになるのは、１９６０年代後半からである。右に示したイタールの結びの文章は、臨界期に近いことを言っているようにもとれる（もちろん、たんに長期の不使用のネガティヴな影響のことを言っているだけだったり、「鉄は熱いうちに打て」の言い換えにすぎないようにも読めるが）。

ところで、この1960年代後半という時期は、言語の習得能力とその習得の臨界期をめぐる問題が異様なほどの盛り上がりを見せた時代だった。1950年代後半から、言語学者のノーム・チョムスキーは、世界ではさまざまな言語が話されているが、人間はどの言語であっても習得可能なシステムを生まれながらもっているという主張を展開していた(註87)。しかし、このアイデアは、まだ机上の仮説でしかなかった。

この仮説が具体性を帯びるようになるのは、1960年代に左右の脳の機能差の研究が大きく前進したことによっている。左の大脳半球（左脳）が言語に特化していることは、すでに19世紀には知られていた。フランスのブローカは発話に関係する領野を左の前頭葉に、ドイツのウェルニッケは発話の理解に関係する領野を左の側頭葉に発見していた。その後、書字や読字も左脳が担当していることもわかってきた。

1960年代に入り、てんかん患者の脳手術のひとつとして、右脳と左脳をつなぐ脳梁を切断するという手術（いわゆる「分離脳」手術）が行なわれ、その結果右脳と左脳がそれぞれ独立にはたらくのを観察することによって、右脳と左脳の機能の違いが明らかになった。こうして言語の機能は、ほとんどの人では、左脳にある――「側性化」している――ことが明らかにされた。

レネバーグの臨界期仮説

ほかの学習と比べて、幼少期における言語発達には、目を見張るものがある。1歳頃に初めての単語（初語）が出始め、発する語彙もしだいに増えてゆき、あれよあれよという間に、3歳を過ぎる頃には千語近くを習得し、それらを駆使して、まわりとコミュニケーションをとりあう（そしてそれらを用いて考える）ことができるようになる。このように、言語の習得は自然にかつ圧倒的に容易に起こるが、ある年齢を過ぎてしまうと、そうはいかなくなる。発音も語彙や文法の習得も、一気に難しさを増すのだ。

このような言語習得能力の発達的変化を左脳への言語機能の側性化の点から考えてみると、次のようなことが推測される。すなわち、その側性化には時間がかかり、一定の時期（たとえば12歳頃）に完了する。この完了の時期が臨界期の終わりに相当する。

したがって原理的には、幼少期から臨界期を過ぎるまでたえず複数の言語環境にさらされていれば、バイリンガルやマルチリンガルになることもできる（複数の言語を担当するように左脳の言語野ができあがる）。逆に、この臨界期までの間に、言語環境にさらされなければ、そのあと言語環境におかれたとしても、言語の習得はできない（言語野ができないままになる）に違いない（註88）。

１９６７年、アメリカの神経心理学者エリック・レネバーグは、著書『言語の生物学的基礎』のなかで、この言語習得の臨界期仮説を詳述した（註89）。彼は、年齢を横軸に、脳の発達や言語能力の発達などさまざまな指標を縦軸にとってデータをプロットすると、それらの発達が12歳ぐらいに頭打ちになることを示した。さらに、言語野の損傷は通常重い言語障害（失語症）をもたらすが、損傷するのが12歳以前で、若ければ若いほど、言語障害は軽くて済むという知見も得られていた。つまり、言語習得に関して脳は12歳ぐらいまでなら可塑性をもつが、それ以降は可塑性がなくなるのだ。以上のことは、（チョムスキーの言う）人間ならばみながもつはずの言語の習得能力には、思春期までという期限の条件がついていることを意味していた。

とはいえ、レネバーグの説も仮説でしかなかった。どうすれば、これを直接的に証明できるだろうか？　人間の子どもを、生まれた時から、言語環境から切り離して育て、臨界期を過ぎてしまったあとで、言語環境におくとどうなるかという実験――究極の「禁断の実験」――は、もちろんできるわけもなかった（註90）。確かに、ヴィクトールの場合は、12歳まで言語環境のなかにいなかった可能性があるので、彼が言語をまったく習得できなかったのは言語習得の臨界期を過ぎてしまっていたからという説明もできるかもしれなかった。しかし、より直接的な証明が欲しかった。

ところが、まさにこの時、そうした禁断の実験に相当する出来事――すなわち、直接的な証拠を提供するかもしれないケース――が、研究者たちのまえに姿を現わす。それがジニーだった。それは、170年前、禁断の実験を夢想していた人間観察家協会のまえに、アヴェロンの野生児が突然姿を現わしたのとよく似ていた。

ジニーのケース

ことの発端はこうである（註91）。1970年11月4日、ロサンゼルスの福祉事務所を自分のことで相談に訪れた母親がいた。彼女は娘を連れていた。この娘は6歳ぐらいにしか見えず、職員の問いかけにも無言だった。ことばを理解も喋りもしないようだった。職員が母親に事情を聞いてゆくうちに、その子が実は13歳で、学校に通っていないどころか、幼い時からその時までずっと家のなかに監禁されていたということが判明する。体が小さいのは慢性的な栄養不良からくるものだった。この子はその後「ジニー」という愛称で呼ばれることになる(註92)。

この事件は、実の両親がわが子を13歳になるまで虐待・監禁したケース――いわゆる「クローゼット・チャイルド」――として大きく報道され、世間の耳目を集めた。母親は白内障と網膜剥離で失明に近い状態にあった。父親は子どもが嫌いで、ジニーにたえず暴力をふるっていた。ジニーは幼い時から小部屋に閉じ込められ、便座椅子にくくりつけられ、少量の食べ物だけを与えられていた。ジニーが声を出すと、父親はイヌの吠えるまねをして嚇し、彼女を黙らせた。そこにあったのは沈黙の世界だった。外の音もほとんど聞こえなかった。このような状態で11年が過ぎた。

ジニーは保護され、両親は児童虐待で告訴された。父親は、11月20日、裁判所に出廷することになっていた日の朝に、拳銃で自殺した。

研究者たちとジニー

しかし、このケースが特異なのは、激しい虐待や監禁ということだけではなかった。それ以上に特異なのは、ジニーが13年間通常の言語環境のなかにいなかったという点だった。

このニュースを知ってすぐに動いたのは、研究者たちである。ジニーのケースは、言語習得の臨界期仮説の検証に使える可能性があった。1歳8カ月頃から、小部屋に閉じ込められた状態で、言語的刺激を与えることなく（すなわち、言語的なコミュニケーションを一切とることなく）、無為の状態で過ごさせたのだ。しかも、年齢は13歳7カ月、想定される臨界期をとうに過ぎていた。

研究者にとって、またとない研究材料だった。言語、認知、感情の発達がどの程度どのように遅れているのか？　どうすればそれらの遅れを取り戻すことができるのか？　その脳はどのような状態なのか？　そして臨界期を越えてからの言語習得は可能なのか？　第一線で活躍する言語学者、言語心理学者、発達心理学者、脳科学者は、はやる心を抑え切れなかった。彼女をめぐって激しい争奪合戦も予想された。

まずは治療とリハビリが必要だった。それには半年を要した。ジニーが子ども病院とリハビリテーションセンターに入院している間に、研究者たちは、お互いを牽制しながら、話し合いと交渉を重ね、国立精神衛生研究所（ＮＩＭＨ）の財政的支援のもとに、協力し合いながら研究を開始する方向でまとまった。

退院後は、彼女を迎え入れるための家庭が必要だった。里親になったのは、研究チームのメンバーでもあった心理学者のデイヴィッド・リグラーだった。ジニーは彼らの家で４年を過ごした。

ジニーの研究（と教育）は４年半におよんだ(註93)。それにはたくさんの人々が関わったが(註94)、研究のなかでとくに重要だったのは、ジニーの言語能力やそれに関わる知的能力の研究だった。その能力の査定と教育を任されたのは、カリフォルニア大学（ＵＣＬＡ）の大学院生、スーザン・カーティスだった。言語学者ヴィクトリア・フロムキンの指導を受けていたカーティスは、博士論文のテーマとしてこの研究に取り組むことになった(註95)。

結果をひとことで言えば、４年をかけても、ジニーの言語能力は２歳児のレベルにも達しなかった。相手の言うことの最後をオウム返しに繰り返すことはあったが、自分からことばを発することはほとんどなかった（監禁されていた時声を出さないように強いられたせいなのかもしれない）。発する場合も、不明瞭な発音の単語をぽつりと言うだけだった。文もほとんどは一語文で、長くても二語文がせいぜい。そこに文法のようなものを見てとることはできなかった。ジニーの脳波の測定や両耳分離聴の実験の結果も、言語機能の左脳への側性化が起こっていないことを示していた。

これらの結果は、臨界期仮説が正しいことを裏づけているように見える。臨界期を過ぎてしまうと、言語の習得は途方もなく困難に(ほとんど不可能に)なってしまうのだ。しかしながら、ジニーの両親は、ジニーを軟禁状態におき始めた理由を、言語発達に遅れがあったからだ(1歳8カ月の時点で、言語に遅れがあると医者から言われたのだという)と主張していた。かりにそうだとしても、言語能力が身につかないのは、13年間言語環境にいなかったせいなのに違いなかった。実はジニーには5歳年長の兄がいて、彼も幼少期に言語に遅れがあった。しかし、祖母に預けられて祖母のもとで暮らした結果、その遅れを取り戻していた(註96)。

しかし、問題は言語の発達だけではなかった。もうひとつ大きな問題だったのは、感情のコントロールができないことだった。いったん怒り出すと、その怒りは加速してゆき、そばにあるものを手当たりしだい投げつけた。鎮まるのを待つしかなかった。抑えきれない感情は自分にも向き、自分の手や腕を噛むという自傷行為も引き起こした。ヴィクトールと同様、人前でマスターベーションをするという困った問題もあった。彼女は羞恥心というものを知らなかった。それらは、13年におよぶ「社会化」の訓練の欠如がどのような結果をもたらすのかを示していた。

ジニーvs.ヴィクトール

ジニーとヴィクトールのケースは、彼らに対する周囲の反応や彼らをとりまく状況の点でよく似ている。どちらも、その時代のアカデミックな大関心事――一方は自然状態の人間がいかなるものかという問題、もう一方は言語の習得には臨界期があるかという問題――が議論になっている最中に、恰好の研究対象として現われた。そして彼らの研究や教育は、一種の国家的プロジェクトとして進められた。それによって、その過程の詳細な記録が残された。口コミやマスメディア――ヴィクトールの場合は噂や新聞やポスター、ジニーの場合は新聞や週刊誌やＴＶ――によってよく知られるようになり、世間も多大なる関心を示した。

発見・保護されるのもほぼ同年齢（12歳と13歳）。ともに、想定されている言語習得の臨界期を過ぎてしまっていた。ひどい虐待も受けていた。どちらも、教育に費やされた期間は４年半。そしてその結果、言語習得がほとんど（あるいはまったく）できなかったという点や、怒りなど感情の抑制ができなかったという点も似ていた。一方で、どちらも、（劣悪な環境におかれなければ）外見的にはふつうの子のように見えた。

この２つのケースとも、教育の成果があがらないことがわかると、研究者たちも、国も、一般の人々も、急速に興味を失くした（予算も打ち切られた）。どの社会でも、新しいものや珍しいものが登場すると、最初はみながそれに熱狂するが、熱狂が飽和点に達したあとは、驚くほど一気に冷め、忘れ去られる。学問の世界でも、それは同じである。

一方、重要な相違点もある。そのひとつは、ジニーには、ヴィクトールに見られたような自閉症的な行動傾向が見られなかったという点である。たとえば、ジニーはヴィクトールとは異なり、相手を直視したし、まわりの人間にも興味を示した。このことは、逆に、ヴィクトールがもともと自閉症的特性をもっていた――長期にわたって社会的刺激にさらされなかったからといって、自閉症になるわけではない――可能性を強める。

もうひとつの違いは、ヴィクトールの場合は、見物客はひっきりなしに訪れてはいたものの、彼と直接関わるのがゲラン夫人とイタールだけだったという点である。一方、ジニーには、たくさんの人間が関わり、しかも入れ替わった。最初は、医師や看護師、リハビリ関係のスタッフ、次には彼女を調べるたくさんの研究者がいた。里親も何度か変わり、途中からは実の母親もそのなかに加わった。ジニーには、ヴィクトールとゲラン夫人の関係のような、特定の人間との間に強い関係（愛着の絆）が築かれることはなかった(註97)。これは彼女にとって不幸なことだったかもしれない。

しかも、母親と研究者たちとの関係は良好ではなかった。1979年、母親は、ジニーの研究チームをジニーへの「科学的虐待」の理由で告訴した。母親は、ジニーへの虐待を幇助したことで罪に問われたが、裁判では無罪になった。彼女が研究チームを告訴したのは、無罪を勝ちとった直後だった。今度は彼女が訴える側に回った（告訴は弁護士の助言によっていた）。

母親の告訴は、科学的探究という目的のために、リハビリや教育を二の次にして、徹底的にジニーを検査し調べたこと――一種の搾取――に対しての抗議だった。事実、カーティスなどは、ジニーに対して四六時中検査やテストを行なっていた。実は、カーティスはジニーについての研究を博士論文としてまとめる過程で、深慮することなくその草稿を母親に見せた。その草稿の冒頭には、両親が娘にいかにひどいことをしたかが洗いざらい書かれていて、しかも娘はアヴェロンの「野生児」と同等にあつかわれていた。これを読んで、当然ながら母親は激怒した。母親はこれらの記述を家族に対する許しがたい侮辱と受けとった。告訴はこの怒りがもとにあった。こうして、研究者たちと母親の溝はますます深まりを見せた。

母親がした告訴は最終的には和解という形で決着したが、母親は拒絶の態度を変えることはなかった。カーティスを含め研究者とジニーの面会を認めなかっただけでなく、研究者が自分と面会することも、コンタクトをとることすらも拒絶した。母親は2003年に亡くなった。

研究の終焉

ジニーの研究は1975年に終わりを迎える。この時、ジニーは18歳になっていた。知的発達は遅々としていた。研究チームのだれの目にも、もう発達が見込めないことは明白だった。ジニーは社会的に自律性をもつに至らなかったし、つねにだれかが介助する必要があった。

1975年、NIMHは、大きな成果が出ていないことを理由に、研究費の打ち切りを決めた。財政的な援助がなければ、研究の継続はもちろん、ジニーを扶養し続けることも不可能だった。1975年6月、ジニーは里親だったリグラー家を出て、母親と一緒に住むことになった。母親は白内障の手術を受けて、目が見えるようになっていた。しかし、母親はジニーの行動に手を焼き、里親にある婦人を見つけ、その女性にジニーを預けた。ところが、この女性はジニーに厳しく接し、虐待もしたため、ジニーは自分から声を出すことすらしなくなり、完全な退行を示した。1977年4月、その状態のひどさから、ジニーは子ども病院に緊急入院させられた。退院後は、別の里親に預けられたが、それもうまくいかなかった。その後は、重度障害者の施設を転々とした。おそらく現在はカリフォルニアのどこかの施設にいるはずである。

したがって、ヴィクトールとジニーには、共通点がもうひとつあったことになる。どちらも、教育の断念ののちも（すなわち、世間がその存在を忘れ去ったあとも）、長い期間生き続けたということである。ヴィクトールは、イタールの教育の断念後23年間、40歳ぐらいまで生きたし、ジニーも（存命であれば）60歳をすでに過ぎているはずである。

１９７０年、映画『野性の少年』の公開

ジニーが発見・保護されたのは１９７０年。それは、トリュフォーの映画『野性の少年』が封切られた年でもあった。巷ではこの映画が話題になっており、アメリカでの公開も始まっていた。ジニーの事件が大きく報道されたその日の新聞には、上映中のこの映画の広告も載っていた。映画のなかの出来事と似たようなことが、現代の、しかも自分たちのまわりで起こっていた。多くの人は、映画とこの事件を重ね合わせた。

１９７１年5月初め、ジニーに関わろうとしていた各分野の専門家たちがロサンゼルスのハリウッドパレス・ホテルに集結した(註98)。それは、ジニーを今後どのように研究し、どう教育するか、その方向性を決めるための会議だった。それには、ＮＩＭＨの大型研究助成金を獲得するための計画を練ることも含まれていた。

この時、ロサンゼルスでは、トリュフォーの『野性の少年』がまだ上映中だった。会議に参加した研究者の多くはこの映画をまだ見ていなかった。そこで5月3日の夕方、近くの映画館を借り切って、この映画の上映会が行なわれた。野生児がどうだったかを知るため、研究のヒントを得るため、あるいは自分たちの研究の動機づけを高めるためと、映画を見る目的は人それぞれだったかもしれない。だれも170年前のイタールの報告など読んではいなかったが、この映画を見れば、野生児ヴィクトールに対してイタールがどのような教育をしたかを知ることができた。

自分たちのこれからの研究を予兆する映画。みなはそう思ったに違いない。しかし、映画はおもにイタールの第一報告にもとづいて制作されていた。それは、待ち受ける困難をなんとか乗り切れば、多少は明るい未来があるかのように描かれていた。

終章

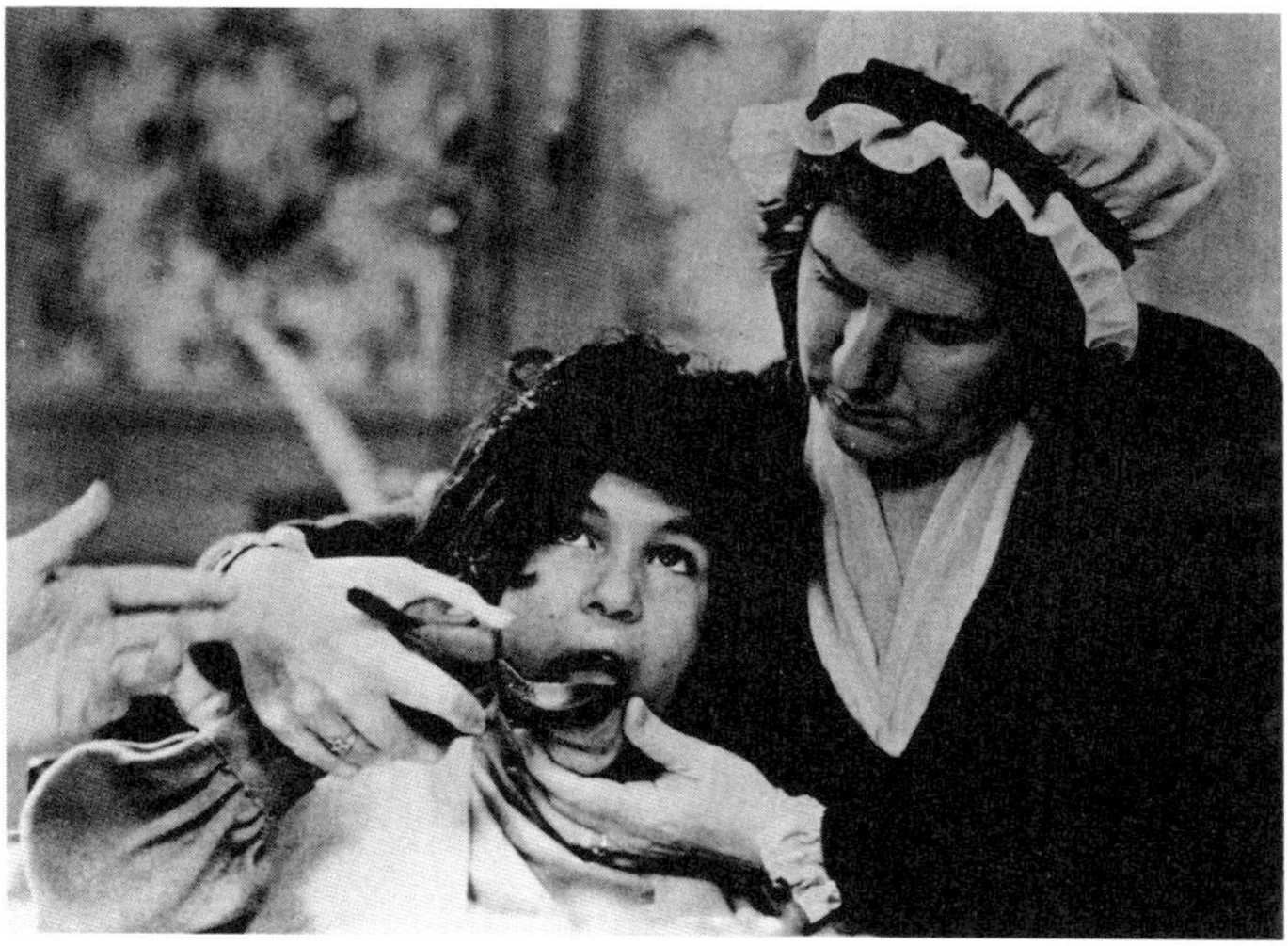

図22　映画『野性の少年』のゲラン夫人とヴィクトール。
（Alamy Stock Photos）

トリュフォーの『野性の少年』

序章でも触れたように、アヴェロンの野生児については、イタールの報告をもとに、いくつもの小説が書かれ、絵本が描かれ、映画が制作されてきた。なかでももっとも有名で影響力があったのは、トリュフォーの映画『野性の少年』である。イタールの役はトリュフォー自身が演じた。彼にとってはそれだけ思い入れの強い映画だった(註99)。

1968年5月、フランスの学生運動は拡大・激化し、市民も巻き込んでゼネストへと発展し、政府を転覆させた(「5月革命」と呼ばれる)。このいわゆる学生運動は世界各国に飛び火した。こうした社会変革の機運のなか、1970年2月、『野性の少年』は封切られ、教育がどうあるべきかを考えるひとつの材料も提供した。

トリュフォー自身は、1950年代から、手に負えない教え子とその子を導く教師というテーマを思案していたようで、ヘレン・ケラーと先生のサリヴァンの実話をモデルにした映画を構想していた。しかし、ケラー側からの許可は下りなかった(註100)。結局、次善の策としてトリュフォーが選んだのは、アヴェロンの野生児という許可の不要な自国の実話だった(註101)。

映画は、2人の物語として展開する。ヴィクトールは話すことができず、イタールの言うことも独話《モノローグ》のままで、その意図は伝わらず、そうしたもどかしさがこの映画の基調をなしている。映画では、2人は、まわりから、そして時代から切り離され、静謐な世界のなかにいる。

しかし、これまで述べてきたことからわかるように、実際の「アヴェロンの野生児」は決して静かな物語などではなかった。たくさんの人々が関わった出来事であり、ラコーヌとサンセルナンに始まりパリに終わるまで、おそらく数十万人の民衆が彼を（ほとんどは野次馬として）目にしていた。彼の運命には、本書で述べてきたように、さまざまな人間の思惑や野心が絡んでおり、挑発や暴力や虐待も山のように受けた。ヴィクトール自身は声をあげることができなかったとしても、そのまわりには喧騒が満ち溢れていた。それは革命後のナポレオンの時代の喧騒でもあった。

『野性の少年』のエンディング

この映画、『野性の少年』のエンディングは象徴的である。イタールはヴィクトールに「おまえには未来がある」と言い、ヴィクトールは、ゲラン夫人と2階への階段をのぼりながら、イタールのほうを振り返るところで、フェイドアウトする。階段を「のぼる」という行為にも、明るい未来や進歩という寓意が見てとれる。しかし、現実はこうではなかった。ヴィクトールに明るい未来が待ち受けていたわけではなかった。

思春期に入ったヴィクトールは、どこに向けていいかわからない自分の欲動に苛まれ続け、時に突発的に激しいマスターベーションに身を委ねた。もはや教育できるような状態ではなかった。イタールは教育の続行をあきらめ、ヴィクトールとは一切関わりをもたなくなる。

2人のことを描いた絵本や小説も数多く出版されてきたが、トリュフォーと同じく、この2人のストーリーをどう終わらせるかで腐心しているように見える（註102）。たとえば、当たり障りがないように、2人がその後どうなったかを描かずに、ヴィクトールが野原や森の夜景に魅せられ、月の光が彼をやさしく照らして、そこで終わる絵本。あるいは、森へと逃げてしまったヴィクトールが戻ってきて、ゲラン夫人に抱擁されて終わる絵本。あるいは、その後ヴィクトールは亡くなるまでイタールと一緒に暮らしたと書いている絵本。あるいは、学校を退去して自由を得て、秋にはセーヌ河にかかる橋を渡って、モンマルトルのぶどうの実る丘を駆けあがるところを想像して終わる本。絵本も、映画も、小説も、イタールがヴィクトールを見捨てた、あるいはヴィクトールに絶望したという結末で終わるわけにはいかなかった。読者も観客もそれを期待してはいなかった。しかし、残念ながら、現実はそのように終わるのである。

ナポレオンの時代の徒花として

アヴェロンの野生児はたまたま発見され、たまたま有名になり、たまたまイタールに教育され、たまたま200年後の現在も読み継がれるようになったのではない。それぞれの人間が、その時、その場所にいなければ（それらの条件がひとつ欠けただけでも）、この出来事は成り立たなかった。それは、よく仕組まれたストーリーのようにも見える。

たとえば、1800年1月の初めに少年が現われるのは、アヴェロン県でなければならなかった。それまでいたタルン県ではいけなかった。タルン県にはその少年を知る村人たちがいたからである。そしてこの少年を「野生児」として内務省やパリの新聞社に通報する者もいなければならなかった。彼らがいなければ、これがニュースになることはなかったし、県関係者に伝えていれば、「野生児」ではないと判断され、中央にはあがらなかったかもしれない。

そしてこの少年がニュースになった時、創設されたばかりの人間観察家協会が存在していなければならなかった。少年をパリに呼び寄せたシカールも、少年が発見・保護されるまえに聾唖学校の校長へと復職していなければならなかった。そうでなければ、少年が聾唖学校に収容されることはなかった。そしてボナテールが少年をロデスに6カ月留めておくということがなければ、現在私たちの知るような展開にはなっていなかっただろう。

少年の移送の命令を下したリュシアンは、この時に内務大臣の座に就いていなければならなかった。リュシアンだから、野生児に興味を示したのであり、もしその時にシャプタルのような人間が内務大臣だったなら、少年を呼び寄せることはなかったろう。そしてリュシアンと懇意のドジェランドもいなければならなかった。

シャンパニーが内務大臣の時に、イタールはすでに別の研究に勤しんでいた。挫折と絶望に終わったヴィクトールの教育について報告を書こうなどとは考えていなかった。しかし、シャンパニーは、ドジェランドの進言を得て、ぜひ書くようにと促すのである。この要請がなければ、第二報告はこの世に存在しなかったはずである。

そもそもを言えば、これらの出来事は、ナポレオンが第一統領だった時期に起こったことである。ブリュメールのクーデタによってナポレオンが第一統領になったからこそ、これらのストーリーが成り立つ。しかも、そのクーデタを成功させたのは弟のリュシアンだった。リュシアンはその手柄で内務大臣になった。そして人間観察家協会が消滅するのも、ナポレオンの圧力がかかったからだった。この協会は、人類学的なテーマに意欲的に、かつ果敢に取り組んだものの、結局はナポレオンの統領時代の徒花《あだばな》として幕を閉じる。そしてそれに呼応するかのように、ヴィクトールの教育も終わる。

歴史に「もし……だったなら」を持ち込むのは禁じ手とされているが、しかしアヴェロンの野生児はどうしてもそう考えてみたくなる要素にあふれている。すべての条件が整うことで、この事件は歴史に残ることになったように見える。

そしてこうした一連の条件にどうしても加えなければならないのは、ゲラン夫人の存在である。彼女がヴィクトールの世話をすることがなければ、イタールはあれだけの成果をあげることはなかったかもしれない。

「アヴェロンの野生児」は、フランス革命直後の時期に起こった祝祭のようでもあった。その祭りの後始末は、国が年額500フランを払うことによって、このゲラン夫人に委ねられた。

1828年1月、パリ・フイヤンティーヌ通り4番地

最後に、ゲラン夫人とヴィクトールに触れて、本書を終えることにしよう。

ヴィクトールを見守り続けたゲラン夫人がどういう人だったかについては詳しいことはわかっていない。ロジャー・シャタックは、夫が聾唖学校の庭師で、その関係でヴィクトールの世話を引き受けることになったのではないかと推測している。

ゲラン夫人は、1801年の2月からヴィクトールに関わった。この時、彼女は40歳ぐらい。夫は1804年頃に亡くなり、学校の外に娘がいた(註103)。

1811年7月、彼女とヴィクトールは聾唖学校を立ち退いて、そこから歩いてものの1分もかからないフイヤンティーヌ通りの住居に移り住んだ。かつての「野生児」ヴィクトールは、もはや少年

ではなく、可愛らしさのないおとなになっていた。彼を一目見ようとみなが聾唖学校に押しかけたのは過去の話で、その後みなはその存在を忘れ去った（もしくは忘れ去ろうとした）。イタールでさえ、ヴィクトールに会うことは一度もなかった。ゲラン夫人とヴィクトールは、目立つこともなく、フイヤンティーヌ通りやその界隈の風景のなかに溶け込んで暮らしていたのだろう。少々変なおとなとその母親として。

１８１２年、ゲラン夫人とヴィクトールの住居の４軒向こうに引っ越してきた家族がいた。10歳のヴィクトール・ユゴーとその兄のウジェーヌ、母のソフィーである。彼らは１８１５年までの３年間そこに住んだ。ユゴー少年は、ヴィクトールを見かけたことがあったはずである。２人とも名前はヴィクトール。ユゴー少年は、自分と同じ名前をゲラン夫人が呼ぶのを聞いたこともあっただろう。これまでユゴーの小説のなかにヴィクトールのこと（あるいは彼を連想させるもの）を探す試みもなされてきたが、これという決定的なものは見つかっていない（註104）。

１８２８年1月、ヴィクトールはゲラン夫人に看取られて亡くなった。アヴェロンで発見・保護されてから28年、40歳ほどになっていた。その亡骸《なきがら》は、彼を虜《とりこ》にした森に還るのではなく、この時代のパリの庶民と同じく、共同墓地の穴のなかに投げ入れられた。

註

註0　引用文のほとんどでは革命暦が用いられているが、本書ではすべて西暦に直してある。人名については、現代の研究者を除き、煩雑を避けるために姓のみを用いた。当時の人名は、イタールのフルネームがジャン＝マルク・ガスパール・イタール、シカールがロック＝アンブロワーズ・キュキュロン・シカールといったように、やたら長いものが多い。

序章

註1　第一報告は Itard. E. M.（1801）*De l'éducation d'un homme sauvage, ou Des premiers développements physiques et moraux du jeune sauvage de l'Aveyron.* Paris: Goujon Fils. 第二報告は Itard. E. M.（1807）*Rapport fait à son excellence le Ministre de l'Intérieur, sur les nouveaux développements et l'état actuel du sauvage de l'Aveyron.* Paris: Impremerie Impérial. イタールのファーストネームはジャン＝マルク・ガスパール（J.-M. G.）なのに、第一・第二報告とも、なぜか E. M. になっている。これもひとつの謎である。

このイタールの報告には3種類の邦訳がある。古くは、１９４９年に刊行された『アヴェロンの野生児』（古武彌正訳、牧書店。改訂版、福村出版、１９７５）で、これは英語版からの翻訳だった。ほかの2冊、１９７８年刊の『新訳アヴェロンの野生児』（中野善達・松田清訳、福村出版）と１９８3年刊の『イタール・セガン教育論』（大井清吉・松矢勝宏訳、明治図書出版）はフランス語版からの翻訳である。訳書が3種類も出版されていることは、日本でアヴェロンの野生児の話がよく知られていることの証左でもある。

一方、本国フランスでの事情は、これとはかなり異なる。アヴェロンの野生児は、もちろん当時はフランス中のだれもが知る話だったが、その後の時間経過のなかで、専門家以外はほとんど知らない話になってしまっていた。この話がふたたび脚光を浴びるようになるのは、１９６０年代半ば以降である。１９６４年、フランスの社会学者でジャズ評論家でもあったリュシアン・マルソンが『野生児』という本を著し、本文中でアヴェロンの野生児のことも紹介しながら、その巻末に付録として、入手困難だったイタールの報告を復刻して収録した。こうして、アヴェロンの野生児は現代によみがえることになった。その6年後の1970年、フランソワ・トリュフォーは、このイタールの報告をもとに『野性の少年』を制作した。本文中でも述べたように、フランスの5月革命の直後だったこともあって、この映画は多数の観客を動員し、ヴィクトールの話は多くの（しかも世界中の）人々の知るところとなった。

この2つの成功に刺激・鼓舞されて、アヴェロンの野生児に関する重要な研究書が3冊立て続けに刊行された。1976年刊のハーラン・レインの『アヴェロンの野生児研究』（註19）、1980年刊のロジャー・シャタックの『アヴェロンの野生児——禁じられた実験』（註8）、そして1981年刊のティエリ・ジネストの『アヴェロンのヴィクトール——最後の野生児、最初の狂児』（註5）である。右で紹介した邦訳書の刊行や復刊も、トリュフォーの映画の成功がひとつの契機になっている。

1章

註2　この孤児の数は当時のフランス内務省の調査による。18世紀後半から19世紀前半にかけてのフランスでは、育児放棄、子殺し、捨て子や里子が日常的にあった（とはいえ、40ページに示したように、迷子を大切に保護してくれる人々もいた。救いである）。子どもの見方も母性の見方も時代や社会によって大きく変わる。フランス社会における母性の見方の変遷については、次の本に詳しい。Badinter, E.（1980）*L'Amour en plus: Histoire de l'amour maternel (XVIIe-XXe siècle)*. Paris: Flammarion.（バダンテール『母性という神話』鈴木晶訳、ちくま学芸文庫、1998）

註3　1992年5月8日から10日までの3日間の会期で、ロデス近郊のオネ・ルシャトーを会場にして、アヴェロンの野生児の展覧会が開催された。その際に出版された解説書には、開催がご当地ということもあって、当時のアヴェロン県がどうだったのかが詳述されている。Mission départementale de la culture（1992）*L'Enfant sauvage de l'Aveyron*. Rodez: Mission départementale de la culture.

註4　サンセルナン村の一角に、アヴェロンの野生児（ヴィクトール）の彫像が設置されている。現代の彫刻家、レミ・ク

ードランの手になるシュールな作品である。ヴィクトールは、だれもまねのできないようなポーズをとっている。

註5 Gineste, T. (2011) *Victor de l'Aveyron: Dernier enfant sauvage, premier enfant fou.* Paris: Pluriel, pp. 162-167.
アヴェロンの野生児に関係する文書（手紙）の多くは、ティエリ・ジネストによって発掘された。この時代に役所が出した手紙の控え（写し）は大部分が保管されていた。ジネストは、これらの手紙のなかから、アヴェロンの野生児に関するものを見つけ、それを活字に起こした。そのおかげで、発見・保護からパリへの移送、聾唖学校からの退去までの経緯をたどることができる。なお、ジネストのこの本の初版は１９８１年、第2版は１９９２年。第3版は２０１１年で、新たに見つかった手紙や文献が加えられ、分量は初版から１・３倍に増えている。

註6 Gineste (2011) pp. 162-167.

註7 Gineste (2011) pp. 161-162.

註8 Shattuck, R. (1980) *The forbidden experiment: The story of the wild boy of Aveyron.* New York: Farrar Straus Giroux.（シャタック『アヴェロンの野生児――禁じられた実験』生月雅子訳、家政教育社、１９８２）

註9 シャタックは、のちにラコーヌに赴いて調査をしたというギローの報告から、次のような記述を引いている。

日中、少年は農場に近づき、気軽に家のなかに入り込み、炉のまえに座り込んで、警戒することもなく、食べ物を分けてもらえるのを待っていた。彼を見てかわいそうに思った山間部の村人たちは、もともと客人を歓待する習慣もあって、やさしくもてなしてやった。少年はどこへ行っても望むものがもらえた。彼はもらうだけもらうと、そこを立ち去って、人のいないところに身を隠した。少年はロクスジエールの山岳地帯を彷徨していた。村近くのある農家にはとくによくしてもらったので、そこはたびたび訪れた。彼はもらったジャガイモを火のなかに放り込み、焼きあがるのを待たずに、生焼けのイモを引っ張り出すと、熱いまま食べた。こうして徐々にではあったが、彼は村人と親しくなり、その知的能力はしだいに発達した。

アヴェロンの野生児発見から75年後、フルキエ＝ラヴェルヌというロデス在住の人物（どのような経歴かは不明）が、発見当時のことについて小冊子を著しており、この引用はそこからのものである。彼は、サンセルナンの村役場でギローの報告書を発見したとして、その内容を紹介しているのだが、その後この報告書は見つかっていない。フルキエ＝ラヴェルヌの小冊子はかなり脚色されて書かれている箇所もあるので、報告書そのものが彼の創作であった可能性もある。Foulquier-Lavernhe（1875）*Le sauvage de l'Aveyron*. Rodez. Mission départementale de la culture（1992）に採録（pp. 126–135）。

註10 Gineste（2011）pp. 179–180.

註11 Gineste（2011）pp. 167–170.

註12 Gineste（2011）pp. 178–179.

註13 Belser, C.（2012）*Rodez il y a 100 ans*. Prahecq: Éditions Patrimoines et Médias.

註14 ボナテールの生涯については以下の資料にもとづく。Affre, H.（1881）*Biographie aveyronnaise*. Rodez: H. de Broca, pp. 63–65; Tap, J.（1997）Pierre-Joseph Bonnaterre（1751–1804）. *Revue du Rouergue*, no. 49, 205–224. 以下も参照。鈴木光太郎（２０１４）「ボナテールのアヴェロンの野生児」。人文科学研究（新潟大学人文学部）、第１３５輯、１－30（http://dspace.lib.niigata-u.ac.jp/dspace/ からダウンロード可能）。

註15 Doig, K. H.（2013）*From Encyclopédie to Encyclopédie méthodique: Revision and expansion*. Oxford: Voltaire Foundation.

註16 Bonnaterre, P.-J.（1800）*Notice historique sur le sauvage de l'Aveyron, et sur quelques autres individus qu'on a trouvés dans la forêts, à différentes époques*. Paris: Panckoucke.

註17 このよく知られた肖像画がだれによって描かれたかは、これまで謎だった。最近、ティエリ・ジネストは、この絵を描いたのが当時パリで有名だった肖像画家、ロザリー・ルブラン＝ヴェスだった可能性を指摘している。１８０２年にパリで開催された絵画展の出品リストのなかに、彼女が描いた「アヴェロンの野生児」の絵があるのだ（もちろん、現物は見つかっていない）。ジネストは、この絵がイタールの第一報告の出版に際して扉の肖像画として用いられ、その後展覧会に出品されたものと推測している。ジネスト（私信）による。

註18 Gineste（2011）pp. 193–196.

註19 ハーラン・レインは、『アヴェロンの野生児研究』のなかで、この身元不明の子はヴィクトールの可能性が高いと主

張している。なぜかというと、年齢など一致する点が多いからだという。レインは、この子がこのあと森へと逃げ、2年間ひとりで生活するうちに、ことばの能力を完全に失ってしまったと言いたいらしい。しかし、レインのこの推理は間違っている。身元不明のこの子は、会話ができ、父親を含め関係者の名前を言うことができ、しかも礼儀作法もできていた（貼り紙には、育ちのよさがうかがえるとある）。発見場所（フィジャゲ村近く）も、同じアヴェロン県ではあるが、ラコーヌ村から直線距離で50キロ以上離れている。ヴィクトールの髪は栗毛だったが、この子は金髪だった。

レインのこの本は、さまざまな文献からの引用にあふれ、聾唖教育の専門家の立場からの考察もある程度しっかりしているのだが、それ以外のことになると、おかしなところがいくつもある。たとえば、この本の冒頭部分には、１８００年の夏のある日、パリのリュクサンブール公園で、地方出身の２人の若者が劇的な出会いをしたとある。その２人とは、25歳のイタールと12歳か13歳のヴィクトールである。ドラマ仕立てを意図してのことかもしれないが、噴飯物《ふんぱんもの》である。２人はそのような形で出会ったのではない。Lane, H.（1976）*The wild boy of Aveyron.* Cambridge, M. A.: Harvard University Press.（レイン『アヴェロンの野生児研究』中野善達訳編、茂木俊彦・松田清・松田秀子訳、福村出版、１９８０）

このレインの本の出版直後とフランス語訳の出版直後に、３人のアヴェロンの野生児研究者、ロジャー・シャタック、グラデュス・スウェイン、ティエリ・ジネストがそれぞれ書評を書いたが、３人とも多くの難点を指摘し、酷評した。Shatuck, R.（1976）The wild boy of Aveyron. *The New York Times Book Review*, May 16; Swain, G.（1976）The wild boy of Aveyron de H. Lane. *L'Évolution psychiatrique*, 41(4), 995–1011; Gineste, T.（1980）A propos de *l'Enfant sauvage de l'Aveyron* de Harlan Lane. *L'Évolution psychiatrique*, 45(1), 185–190.

註20 Gineste（2011）pp. 279–284. この講演原稿は現存するが、講演は行なわれなかった。８月８日に講演予定だったが、とりやめになった。ほかの講演が多かったためである。

２章

註21 Ducray-Duminil, F. G.（1796）*Victor ou l'enfant de la forêt.* Paris: Le Prieur.

註22　第一報告のなかで、イタールはヴィクトールという命名の理由をこのようには説明していない。少年がほとんどの言語音には反応しないのに、「オー！（Oh!）」にはよく反応した。そこでイタールは、自分の名だとわかるように、この音が入った名前にしたのだという。しかし、これは後づけの理由だろう。なお、少年は、サンタフリックではサンセルナン、ロデスではジョゼフと呼ばれていた。

註23　フランスの聾唖教育については、次の論考が詳しい。松田清（１９７７－１９７８）「18世紀フランスにおける聾唖教育（Ⅰ・Ⅱ）」人文学報（京都大学人文科学研究所）、第43号、１－35、第44号、１１１－１６１。

註24　実は、レペが亡くなってから10年後、アヴェロンの野生児発見の年の１８００年、パリでは、レペを主人公にした劇がかかり、大好評を博していた。タイトルはその名も『レペ神父』。実際にあった事件、ソラール事件を題材にとっていた。レペが関わったこの事件は、なんともミステリアスである。経緯はかなり入り組んでいるのだが、ここではかいつまんで紹介しよう（劇では、レペだけが実名で登場し、脚色も多いが、筋書きはほぼこの通りに進行する）。

１７７３年８月１日、パリ近郊のオワーズ県のキュヴィイという町で、裸の少年が路上に倒れているのが発見される。年の頃は10歳から12歳、聾唖だった。身元はわからなかった。翌年、聾唖学校のレペが少年の教育を引き受けることになった。レペは、ほうぼうに手を尽くして、この少年がジョゼフ・ド・ソラールという名で、伯爵の子息であることを突き止める。伯爵はすでに亡くなっていたが、驚いたことに、息子のジョゼフも１７７４年の1月28日に（つまり、少年の発見後に）トゥールーズ近くのシャルラで亡くなっていた。調べていってわかったのは、ジョゼフの母親（伯爵夫人）が法学の学生カゾーに聾唖に効くという遠方の湯治場にジョゼフを連れてゆくよう頼んだということだった。そのカゾーが言うには、ジョゼフは連れてゆく途中、シャルラで天然痘にかかって亡くなり、カゾーの家族の墓に葬ったとのこと。しかし状況証拠から、ジョゼフの母親である伯爵夫人（ただ、彼女もすでに亡くなっていた）が愛人のカゾーに障害をもった息子の殺害を依頼した可能性が濃厚だった。裁判のなかで、カゾーは無罪を主張した。さらに調べを進めてゆくと、伯爵家に仕えていた侍女、庭師、隣人は少年を見て、伯爵家のジョゼフに間違いないと証言し、一方、少年が亡くなった町シャルラの人にジョゼフを見てもらうと、カゾーが連れていた少年ではないという証言が返ってきた。すなわち、替え玉だった可能性である。ジョゼフはどこかで遺棄されて生き延び、代わりに別の少年がジョゼフの代わりになり、天然痘にかかって死んでしまい、埋葬されたのかもしれない。その墓を掘り返してみると、確かに、子どもの遺骸が出てきた。では、なぜ替え玉を使う必要があったのか？　そしてこの替え玉は一体だれなのか？　謎はさらに深まった。

カゾーは、ジョゼフは天然痘で亡くなって、シャルラに葬られたと、すなわち自分の目のまえにいる少年はジョゼフではないという主張を貫き通した。１７８１年、裁判所は、カゾーは無罪、少年は本物のジョゼフだという論理的に矛盾する判決を下さざるをえなかった。（劇はここまでで、実際にはこのあと、カゾーはこれを不服として控訴し、革命中の１７９２年、いくつもの謎が解けぬまま、カゾーは無罪、少年はジョゼフではないということで結審した。）

レペは、もの言えぬ少年の側の弁護人として、裁判にも積極的に関わった。劇は、レペの立場からこの事件を見たもので、レペは謎解き探偵や弁護士のような役回りをする。ミステリー仕立てのブイイ作のこの『レペ神父』は、１００回以上も上演され、当時のパリの観客動員数では2位と大当たりをとった（1位は『フィガロの結婚』）。初演は１７９９年12月14日、場所はパリのテアトル・フランセ。ブリュメールのクーデタ（11月９日）の１カ月後、しかもレペの後任の校長シカールの復帰（1月13日）の1カ月前で、まさに絶好のタイミングだった。そしてそれはアヴェロンの野生児が現われる直前でもあった。

ソラール事件の当の少年ジョゼフは10歳か12歳ぐらいで、裸同然で発見され、ことばが喋れず、パリのレペの聾唖学校に収容された。アヴェロンの野生児もこれとまったく同じだった。当然ながら、この劇が評判になっていたことも、アヴェロンの野生児が熱狂的に受け入れられる下地のひとつを構成していた。

この『レペ神父』には、次のようなおまけもついている。大評判の劇とあって、２回目の公演には、ナポレオン・ボナパルトと妻のジョゼフィーヌも観劇に来た。芝居の途中で、ナポレオンがいることを知った観客たちは、レペの言う「私がこちらに来たために、パリにいる生徒たちは困っている」という台詞の際に、「シカールに恩赦を！」という声をあげ、それが大合唱になった。シカールが学校に戻れないために、実際、生徒たちは困っていたからである。ナポレオンはこれに感銘を受け、それがシカールの公職（校長職）復帰のきっかけのひとつになった。

註25　実は、シカールが殺害されずに校長に復帰できた経緯は、本文でのように1行で済ませられる話ではない。これには長い「武勇伝」がある。この武勇伝については、次の本を参照。Lane, H. (1984) *When the mind hears: A history of the* *deaf*. New York: Random House.（レイン『手話の歴史（上）――ろう者が手話を生み、奪われ、取り戻すまで』斉藤渡訳、前田浩監修・解説、築地書館、２０１８）シカールの校長復帰にナポレオンが関わっていたことについては、註24の末尾を参照。

註26 次の本の第5章にシカール『生まれながらの聾唖者の教育課程』の部分が収録されている。Lane, H.（ed.）(1984) *The deaf experience*. New York: Vintage.（レイン編『聾の経験――18世紀における手話の「発見」』石村多門訳、東京電機大学出版局、２０００）

註27 シカールは、１８２２年に79歳で亡くなるまで、パリ聾唖学校の校長を務めた。その死後、後任としてマシューを推する動きもあったが、強い反対に遭い（強硬な反対者はだれあろうイタールだった）、マシューは教師の職を辞し、地方の聾唖学校に下った。50歳の時である。下った先はアヴェロン県、ロデスの聾唖学校だった。

註28 Gineste (2011) p. 500.

註29 Cousin d'Avallon, C.-Y. (1801) *Mes promenades philosophiques et critiques dans Paris: Ouvrages instructifs et amusants*. Paris: Pigoreau, pp. 17–18.

註30 野次馬や見物人が押しかけるというのは、この野生児に限ったことではない。奇しくも、ヴィクトールが亡くなったその年（１８２８年）、隣国ドイツのニュルンベルクに奇妙な少年が現われる。カスパー・ハウザーである。この少年は16歳まで地下牢にひとり閉じ込められていたと推測された。ニュルンベルクには、この少年を見ようと、見物人が山のように押しかけた。その後、この少年は、ある教師の家に預けられたが、市民に向けて、教育の邪魔になるので訪問は控えるようにとの告示がなされた。しかし、思ったような効果はなかった。フォイエルバッハは次のように書いている。

　ニュルンベルクを訪れたら、この少年を見ないでは、この町を見物したとは言えなかった。カスパー・ハウザーがこの町に来てから今日までの間に、ヨーロッパ中のほとんどすべての国の、すべての都市の何百人という人たち、学者、芸術家、政治家、あらゆる階級の役人、高貴な人たち、もっとも高貴な人たちが彼と会って、話をしている。

人間の好奇心、野次馬根性はどこでもいつの時代も同じである。Feuerbach, A.R.v. (1832) *Kaspar Hauser: Beispiel eines Verbrechens am Seelen des Menschen*. Ansbach: I.M. Dollfuß.（フォイエルバッハ『カスパー・ハウザー』西村克彦

訳、福武文庫、１９９１）

註31 Gineste (2011) p. 494.

註32 １８０３年の3月、人間観察家協会のモンモランシーは、パリを訪れていたカズノヴ・ダルラン夫人を聾唖学校に案内している。彼女は「野生児」の進歩に驚いた。おそらくヴィクトールが「神《デュー》」と言えた（実際に言えたのは「あら、まあ《オー・デュ》」なのだが）ことが印象的だったのだろう。外部からの見学客に学校側がどう対応していたのかもよくわかるので、以下にその部分を引用しよう。最後では、ヴィクトールが聾唖学校の生徒を恐れていたことにも言及している。

　次にモンモランシーと一緒に聾唖学校を訪ねました。木工と印刷の工房を案内してもらったあと、広い回廊では、生徒たちがモンモランシーの問いかけにそれぞれスレート板に文字を書いて答えました。回廊では、ドミノで遊んでいる生徒もいました。なかにはとても聡明そうに見える子もいました。…（中略）…シカール神父とはお話しすることができましたが、マシューは病気とのこと。この２人はとても教養豊かで、みなから尊敬されています。

　モンモランシーはアヴェロンの野生児のところにも連れていってくれました。モンモランシーは6カ月ほどこの野生児に会っていなかったので、どれぐらい進歩したかを見たかったようです。その子はちょうど食事をしているところでした。食事が楽しみなようです。彼はおとなしく、世話役の女性になついていました。フォークとスプーンで食事をすること、地面を這わないこと、ベッドの下に隠れないことをしつけることができたそうです。自分でちゃんと服を着ることができますし、部屋の片付けもできますが、その神経の極度の落ち着きのなさは、なにかにひどくおびえ、虐待されているということを物語っています。体じゅうに傷があり、首の傷は、だれかに殺されかけたことを示しています。私は、この子が、城を焼き払い略奪をした革命家たちの手から逃れ、森のなかで植物の根や実を食べて生きてきた（いまもそれらはこの子の好物です）不幸な子だと思います。「レ（牛乳）」と「デュー（神）」が言えます。世話役の女性は心から彼を愛しています。彼は雪を食べるのが好きで、田舎の光景や樹木を見ると、激しい興奮状態になります。彼は聾唖の生徒たちをひどく恐れています。というのも、一緒にいた時に、彼らからひどくいじめられていたからです。

Cazenove, d'Arlens, C. (1903) *Journal de Mme de Cazenove d'Arlens (février-avril 1803)*. Paris: Alphonse Picard &

Fils.

註33 Gineste（2011）pp. 426–429.

註34 Pinel, P.（1800–1801）Rapport fait à la Société des observateurs de l'Homme sur l'enfant connu sous le nom de sauvage de l'Aveyron. Gineste（2011）に採録（pp. 324-338, 351–361）。邦訳は「アヴェロンの野生児の名で知られる子どもに関する人間観察家協会への報告」（イタール『新訳 アヴェロンの野生児――ヴィクトールの発達と教育』中野善達・松田清訳、福村出版、１９７９、１４４－１６９）。

このピネルの報告は協会の会合の席上で発表されたが、印刷物になったわけではなかった。そのため、後世の人間は、ピネルの発表内容の詳細までは確認できなかった。発表から１００年以上が経ち、この草稿を発見したのは人類学者のジョルジュ・エルヴェだった。１９１１年、彼はこの草稿にもとづいてアヴェロンの野生児と人間観察家協会の関係を論じ、論文の末尾にこの草稿を掲載した。そこにはピネル自筆の草稿の写真も添えられていた。Hervé, G.（1911）Le Sauvage de l'Aveyron devant les observateurs de l'homme (avec le rapport retrouvé de Phillippe Pinel). *Revue anthropologique*, 21, 383–398, 441–454.

註35 なぜピネルは報告を２つの部分に分け、しかも６カ月の間をおいて発表したのだろうか？ これについて、ティエリ・ジネストは、ピネルが著書の『精神病に関する医学・哲学論』を出したばかりで（発売日は10月29日）、11月29日の報告会は、この本の宣伝を兼ねて急いで行なわれたのではないかと推測している（ジネスト、私信）。なお、報告の前半部分は臨床的記述にあてられ、時間をおいて執筆した後半部分は、少年の状態の病因論と治療可能性について述べている。

３章

註36 ティエリ・ジネストは、イタールとピネルがどこにどんな絵を飾っていたかという点から、彼らの心の深層の分析を試みている。イタールの場合は、聾唖学校内の彼の寝室と食事室（以上４階）、食堂、図書室、居間と応接間（以上３階）、そしてボーセジュールにあった別荘に掛けられていた絵である。Gineste, T.（2004）*Le Lion de Florence: Sur l'imaginaire des fondateurs de la psychiatrie, Pinel (1745-1826) et Itard (1774–1838)*. Paris: Albin Michel.

註37 Gineste（2011）pp. 360-361.

註38 この時代の陸軍病院の医学教育やラレーその人については、ヴァル・ド・グラースに付属する博物館（Musée du service de santé des armées）に展示がある。

註39 パリ医学校は1794年に開校した。この時の名称はÉcole de santé de Parisだったが、98年にÉcole de médecine de Parisに改称した。イタールは97年に受講登録をしている。

註40 こう書くと、いかにもピネルが医学の王道を歩んできたかのような印象を与えるが、必ずしもそうではない。ピネルは、トゥールーズとモンペリエで医学を学んだあと、1778年33歳の時にパリに出てきたが、パリでは実践的な医療の現場にいたわけでも、医学教育に直接携わっていたわけでもなかった。パリでは『ガゼット・ド・サンテ（医療新聞）』なる新聞を発行するほか、雑誌などにも頻繁に記事を書き、医学ジャーナリストとして活躍していた。イギリスの医学書の仏訳もしていたし、博物学にも熱中し、パリの王立植物園で植物の観察研究も行なっていた。こうして15年。しかし、それは助走期間にすぎなかった。フランス革命が起こると、大学は（すなわち医学部も）廃止され、大きな病院も変革され、旧体制のなかで指導的立場にあった者たちはきれいなほどに一掃されてしまった。彼は、そのぽっかりあいた隙間（いわばニッチ）に入り込むことになった。

1793年に、ピネルはビセートル救済院の医師になった。9月虐殺の嵐はビセートルにも押し寄せ、一部の収容者が殺害された。彼がここの医師になったのはその直後のことである。当時、ビセートル（男性が入所）やサルペトリエール（女性が入所）のような救済院は、浮浪者、ホームレス、売春婦、貧窮した病人などが一緒くたに入所しており、総合救済院《オピタル・ジェネラル》と呼ばれていた（現代的な意味での「病院」の役目は「オテル・デュー（神の家の意）」が担っていた）。ピネルが勤め出した当時のビセートルの入所者数はなんと1万人。そのなかには精神病者も含まれていた。ピネルは、入所者のなかから精神病者を見分け、院内の診療所で彼らに治療（「精神的治療」）を施すという改革を断行する。2年後、彼は同様のことをもうひとつの救済院サルペトリエールでも行なった。ひとことで言えば、貧者のなかに紛れていた精神病者を病人として（すなわち、病気を治療してもらう「権利」をもつ者として）あつかうようになったのである。したがって、病院で悲惨な状態にあった精神病者を「鎖から解き放った」わけではなかった。

１７９６年、ピネルはパリ医学校の病理学の教授も兼務するようになり、また１７９８年には、それまで培った博物学（とくに分類学）的な知識をもとに病気の分類について『哲学的疾病分類』という本を著し、当時のフランス医学界に大きな影響を与えた。そして１８００年に著書『精神病に関する医学・哲学論』を世に出すことで、医学の一領域として精神医学の基礎を築くのである。

「鎖からの解放」は、フランス革命に重ねて精神医学の革命も起こったことを象徴するための後世の創作である。グラデュス・スウェインによると、「鎖からの解放」は、ピネルの息子シピオンの創作だという。

ビセートルやサルペトリエール以前のピネルについては、次の本に詳しい。ピネルに対する見方が３６０度とは言わないまでも１８０度は変わるはずである。Weiner, D. B. (1999) *Comprendre et soigner: Philippe Pinel (1745–1826), la médicine de l'esprit.* Paris: Fayard. シピオンによるピネル神話の創作については次の本を参照。Swain, G. (1997) *Le sujet de la folie: Naissance de la psychiatrie.* Paris: Calmann-Lévy.

この前後の時代に（フランスで）精神病者がどのようにあつかわれ、どのようにして精神医学が医学のなかの一領域として位置づけられるようになったのかについては、右記の２冊のほか次の本も参考になる。Foucault, M. (1961) *Histoire de la folie à l'âge classique.* Paris: Plon.（フーコー『狂気の歴史——古典主義時代における』田村俶訳、新潮社、１９７５）中井久夫（１９９９）『西欧精神医学背景史』みすず書房。

註41 イタールは１７７４年４月24日にオレゾンに生まれているが、墓碑銘には４月４にリエ（彼の通った小学校があった村）に生まれたと記されている。とはいえ、パリのモンパルナス墓地にあるその墓は、風雨に削られて、その文字を読みとるのが難しい。墓碑銘の下に彼の指示によって刻まれた錨と鎖の図案がわかるのみだ。

註42 Gineste, T. (1989) La pensée médico-psychologique de Jean-Marc Gaspard Itard. *Bulletin de la Société d'histoire de la médecine,* 23(2), 115–120.

註43 イタールの行なった実験的教育の手順は、原文でも（邦訳書でも）わかりやすくは書かれていない。その点、トリュフォーの映画は、これらの場面を忠実に再現しており、見るだけでその手順がわかる。

註44 １９００年代から３０年代にかけて、ロシアの生理学者イワン＝ペトロヴィッチ・パヴロフは、イヌを被験体に用い

て、条件反射（「古典的条件づけ」とも呼ばれる）の研究を行なった。イヌに２つの刺激を弁別させる課題を行なわせ、できるのを確認してから、課題をしだいに難しくしてゆくと（たとえば２つの刺激の違いが色や形や大きさがよく似ていて、弁別が難しくなると）、イヌは吠えたり、噛みついたりするようになった。パヴロフはこれを「実験神経症」と名づけた。ヴィクトールの状態はまさにこれである。

註45　１９５０年代から６０年代にかけて、ジョン・ボウルビーやハリー・ハーロウなどによる（動物実験も含む）さまざまな研究から明らかになったのは、社会的・知的発達のためには養育者との安定した愛着関係が重要だということであった。

註46　第一報告と第二報告の間には、実は２つの報告があった。つまり、イタールは報告を全部で４つ書いていたことになる。この２つの報告、１８０２年３月と１８０４年６月の報告は、内務大臣シャプタルにあてて書かれた報告書で、現存していない。イタールは、１８０５年前半にはヴィクトールの教育を断念したので、１８０６年の報告は、この２つの報告を合体させてシャンパニー向けに化粧直ししたのかもしれない。

註47　イタールは、ヴィクトールが習得した単語を一般化できるかを見るテストも行なっている。しかし、これには問題がある。ひとつは、ヴィクトールに単語をひとつ示してそれをほかの部屋からとってくるように指示しておきながら、（意地悪にも）部屋に入れないように鍵をかけておき、困って手ぶらで戻ってきた時に、戻ってきた部屋においてあるそのものをとれるかをテストしている。つまり、単語の一般化のテストである。ヴィクトールはこれができず、ヒントを与えてもできなかった。イタールはこの結果に落胆した。しかし、示されたものをほかの部屋からとってくることがそれまでの課題なのだから（少なくともヴィクトールはそう思い込んでいるのだから）、それができないのは当然である。

さらに、ヴィクトールはLIVRE（本）という単語に対して紙、新聞、ノートや冊子をもってきたり、BROSSE（ブラシ）に対してホウキをもってきたりした。イタールはこの結果をヴィクトールが単語の厳密な意味がわかっていないと解釈している。しかし、ヴィクトールのこの行動は、幼児の言語習得の過程でよく見られる「過剰一般化」の現象である（幼児は、単語の意味をより広くとって、類似のものにもその単語をあてはめる傾向がある）。現代の言語発達の研究者から見ると、イタールは、ヴィクトールが単語を一般化できないと言って嘆き、一般化しすぎると言って嘆いているようにも見える。

註48　次のような笑みを誘う記述もある。

> 自分の記憶力に自信をもち始めたヴィクトールは、すばやく走るという利点をこの課題では使わず、しばしば廊下で立ち止まるという余裕さえ見せた。立ち止まっては廊下の端にある窓に顔を向け、遠くまで広がっている田園風景に甲高い声をあげて応え、それから自分の部屋に向かい、要求された複数のものを抱きかかえると、戻る途中でまた同じ風景に挨拶し、ちゃんとお使いができたという自信に満ちた面持ちで戻ってきた。

註49　このような実験では、被験者が単語と対象の関係を理解していなくても、正解できてしまうことがある。実験者は（本人も気づかずに）、選択肢がその場にあると、答えに思わず目や顔を向けてしまうのである。被験者はそれを見逃さず、それを選択の手がかりとして使って正解してしまう。これを「実験者効果」と呼ぶ。

註50　この指摘をしているのはイタールの財産目録（蔵書も含まれている）を調べたティエリ・ジネストである。Gineste (2011). pp. 90-91, 130-131. コンディヤックは、白紙《タブラ・ラサ》の代わりに、人間の形をした石像を仮定したことで有名である。この石像は最初はなにも感じず、喋りも、動きもしないが、経験を通して、感覚が次々に付与されてゆくことによって人間になってゆく。イタールの第一報告の巻頭のエピグラフがコンディヤックの文章であったことから、これまで、イタールは、ヴィクトールの教育をこの石像への感覚の付与のようなものとしてとらえていたとされてきた。イタールの教育にルソーの直接の影響を見ることはなかった。しかし、蔵書リスト（どの棚にどんな本があったか）が示すように、イタールはルソーを愛読していた。このことからすると、イタールは、『エミール』中のエミールとその教師のルソーに、ヴィクトールとその教師の自分をなぞらえていたと考えるのが至当のように思われる。なお、興味深いことに、蔵書リストのなかにコンディヤックの著作は入っていなかった。

註51　Rousseau, J.-J.（1755/1965）*Discours sur l'origine et les fondements de l'inégalité parmi les hommes*. Paris: Gallimard.（ルソー『人間不平等起源論』中山元訳、光文社古典新訳文庫、２００８）次の論考も参考になる。松田清（１９７８）「ルソーの野生人について」。思想、6月号、２０９-２２３。

註52　Rousseau, J.-J.（1762/1964）*Émile ou De l'éducation*. Paris: Éditions Garnier Frères.（ルソー『エミール』今野一雄

訳、岩波文庫、2007）

註53 Gineste, T.（1977）L'immaculée conception de la pédopsychiatrie. *L'Évolution psychiatrique*, 42(3), 541–548.

註54 シャラントン病院は、アンシャン・レジームの時代から精神病に特化した病院だった。精神病だけでなく雑多な理由から入所してくる貧者のためのビセートルやサルペトリエール（註40参照）に比べ、シャラントンは、格も質もはるかに上だった。したがって、ビセートルなどではなくシャラントンに入院させ、その高額の費用を国が賄うという提案は、シャプタルの特別な計らいだったとも言える。この提案があった時期には、あのサド侯爵もシャラントンに入院していた（1801年に入院し、14年にここで亡くなったが、院長のクールミエと懇意になったおかげで、外に出られないことを除けば、自由気ままに過ごしていた）。シャラントン時代の晩年のサドについては、次の文献を参照。渋澤龍彦（1993）『渋澤龍彦全集5　サド侯爵の生涯』河出書房新社。

註55 Gineste（2011）pp. 93–97.

註56 Gineste（2011）pp. 567–568.

註57 Gineste（2011）pp. 577–578.

註58 Gineste, T.（1979）Post-scriptum à l'immaculée conception de la pédopsychiatrie. *L'Évolution psychiatrique*, 44(1), 130–137.

4章

註59 ドジェランドが学士院に提出した観念と言語の関係についての論文は、1799年から1800年にかけて4巻本として出版され、全体で2000ページの分量があった。それは壮大な知的展望を描いていた。そのなかでは、言語をもたない人間の場合には、観念をもちえるのか、もちえるとするとどのような観念かが考察されていた。Degérando, J.-M.（1799–1800）*Des signes et de l'art de penser considérés dans leurs rapports mutuels*. Paris: Goujon fils.

註60 Gineste（2011）p. 33, note 3.

註61 人間観察家協会の具体的活動とおもな発表物については、コパンとジャマンの本を参照。Copans, J. & Jamin, J.

(1994) *Aux origines de l'anthropologie française*. Paris: Éditions Jean Michel Place. この協会の歴史的経緯を詳細に記しているのは、歴史学者のシャペイである。Chappey, J.-L. (2002) *La Société des Observateurs de l'homme (1799-1804): Des anthropologues au temps de Bonaparte*. Paris: Société des études robespierristes. ドルティエは、次の本の最初の章でこの協会の活動と影響をコンパクトに紹介している。Dortier, J.-F. (2012) *Une histoire des sciences humaines*. Auxerre: Éditions Sciences Humaines.

註62 ルソーの『人間不平等起源論』(註51)の冒頭に登場するのも、このデルフォイの神殿の「汝自身を知れ」という銘文である。ルソーは、人間の間の不平等の起源を解明するためには、まず人間そのものについて知ることから始めなければならないとした。

註63 Bougainville, L.-A. (1771) *Voyage autour du monde, par la frégate du Roi La Boudeuse et la flûte l'Étoile; en 1766, 1767, 1768 & 1769*. Paris: Saillant & Nyon; Diderot, D. (1772/2002) *Supplément au voyage de Bougainville*. Paris: Gallimard. (『シリーズ世界周航記2 ブーガンヴィル 世界周航記・ディドロ ブーガンヴィル航海記補遺』山本淳一・中川久定訳、2007)

註64 Considérations sur les diverses méthodes à suivre dans l'observation des peuples sauvages. Copans & Jamin (1994) に採録 (pp. 73-109)。このマニュアルはその先駆的重要性が1世紀半後に再評価されている。1969年に英訳版が *The observation of savage peoples* (London: Routledge & Kagan Paul) として出版された。序文をE・E・エヴァンズ=プリチャードが書いている。

註65 Chappey, J.-L. (2017) *La sauvagerie et civilisation: Une histoire politique de Victor de l'Aveyron*. Paris: Fayard.

註66 ちなみに、当時のフランスのおとなの男性の平均身長は1メートル60センチ。現在より15センチ低かった。

註67 Tchong A. Sam と綴っている。この中国人青年はその後、ボーダン調査隊のナチュラリスト号に客として乗り込んだ。ナポレオンが彼を本国に帰してやるよう命じたからである。無事に帰り着けたかどうかは不明。Hervé, G. (1909) Le Chinois Tchong-A-Sam à Paris. *Bulletins et Mémoires de la Société d'anthropologie de Paris*, Série 5. Tome 10, 171-179. (https://www.persee.fr/doc/bmsap_0037-8984_1909_num_10_1_8059)

註68 Présentation du rapport de J. M. G. Itard sur l'enfant sauvage de l'Aveyron（1801）. Copans & Jamin（1994）に採録（pp. 147–152）。

註69 シャプタルとピネルは年齢が一回り違っていたが（ピネルは11歳年上）、モンペリエ時代にそうした年齢差を超えて親交を結び、それはパリに出てきてからも続いていた。Semelaigne, R.（1888）*Philippe Pinel et son oeuvre au point de vue de la médecine mentale*. Moulins: Imprimeries Réunies.（スムレーニュ『フィリップ・ピネルの生涯と思想』影山任佐訳、中央洋書出版部、１９８８）

註70 ナポレオンが皇帝に即位したのを契機に、化学産業の振興に専心したい（シャプタルの専門は化学だった）というのが辞職の表向きの理由のようである。また女性問題が絡んでいるという指摘もある。いずれにしても、突然の辞任であった。

註71 Degérando, J. M.（1827）*De l'éducation des sourds-muets de naissance*. Paris: Méquignon l'Ainé Père.

註72 Lane, H.（1984）*When the mind hears: A history of the deaf*. New York: Random House.（レイン『手話の歴史（上・下）——ろう者が手話を生み、奪われ、取り戻すまで』斉藤渡訳、前田浩監修・解説、築地書館、２０１８）邦訳の副題が示すように、フランスの聾唖教育において手話が「奪われた」、すなわち禁止された時代があったということである。奪った張本人はドジェランドとイタールである。

註73 フランスで人類学関係の学会が最初に設立されたのは１８５９年。ポール・ブローカが中心となった設立されたパリ人類学会である。

註74 人間観察家協会の全貌を明らかにしたコパンとジャマンの本（註61）の初版は１９７８年刊。これ以前には、１９１１年にジョルジュ・エルヴェ（註34）、１９５６年にマルセル・ブーテイエが協会について記している。Bouteiller, M.（1956）La Société des observateurs de l'homme（1800–1805）, ancêtre de la Société d'anthropologie de Paris. *Bulletins et Mémoires de la Société d'anthropologie de Paris*, 7（5–6）, 448–465.

5章

註75 Chappey (2002) p. 480. ちなみに、当時の600フランの貨幣価値は現在の日本円で400万円ぐらいか。ヴィクトールの養育費としてゲラン夫人に支払われた年額500フランはそれより少し少ないぐらいの金額ということになる。

註76 乳幼児の初期発達の研究の歴史については、以下を参照。Vauclair, J. (2004) *Développement du jeune enfant: Motricité, perception, cognition.* Paris: Éditions Belin.（ヴォークレール『乳幼児の発達 ― 運動・知覚・認知』明和政子監訳、鈴木光太郎訳、新曜社、2012）。なお、乳幼児の初期発達の実験的研究に心理学者が本格的に取り組むようになったのは、1970年代になってからである。

註77 Jauffret, L.-F. Introduction aux mémoires de la Société des observateurs de l'homme. Copans & Jamin (1994) に採録 (pp. 53-65)。もちろん、ジョフレは次のようにも書いている。「実際、このような企てによって、その子の一生は犠牲になる」。しかし、犠牲はその子だけではない。10年以上の長期にわたる発達過程の観察が必要なので、「長く貴重な時間を捧げる研究者もその犠牲になる可能性がある」。

註78 どこまで本当かは確認のしようがないが、伝えられているところでは、9つの言語を話せたフリードリヒ2世は、子どもにことばを一切聞かせないようにして育てさせるとどの言語を話すようになるか（彼の見込みではギリシャ語かラテン語の可能性が濃厚だった）を6人の子どもで試したが、途中でみな死んでしまったという。ジェイムズ4世は、新生児を聾唖の乳母に育てさせ、何語《なにご》を話すのかを見たところ、子どもたちはヘブライ語を話したという（この実験結果には当時の歴史家がすぐに懐疑を表明している）。アクバルは、生まれたばかりの子どもたちを聾の乳母に預けて育てさせたところ、喋るようにはならなかったものの、手話を使うことはできたという。ここで重要なのは、それらが絶大なる権力をもった王や皇帝でないとできなかった実験であり、彼らの関心事が言語の発生の起源にあったという点である。

註79 最近の例に、国家規模の悲劇的な社会実験がある。1966年、ルーマニアでは、チャウシェスク（この時は国家元首の評議会議長。のちに大統領制を導入して大統領）が国家の人的資本の増強をスローガンに掲げ、各家庭に子どもを4人以上もつことを半ば強制し、避妊や妊娠中絶を禁じた。この政策は89年まで25年間続けられた。しかし、とくに貧困家庭では、多数の子どもを養育できず、遺棄したり、養護施設に預けたりすることが頻発したが、国内の養護施設は、そ

れに対応するだけの収容能力も扶養能力も持ち合わせていなかった。その結果、収容された子どもたちの多くは劣悪極まりない生育環境のなかにおかれることになった。この政策が廃止された１９８９年にはそうした児童が17万人もいた。彼らには知的能力も含め、顕著な発達の遅れが認められた（発達指数について言えば、平均が１００に対して80といったように）。これは、20世紀後半に起こった悲劇的な社会実験だったと言える。次の記事を参照のこと。Nelson, C. A. III, Fox, N. A. & Zenah, C. H. Jr. (2013) Anguish of the abandoned child. *Scientific American*, April, 62-67.（ネルソン、フォックス＆ジーナ「チャウシェスクの子どもたち――育児環境と発達障害」日経サイエンス、２０１３年８月号、88-93）

註80 啓蒙主義の時代の哲学者や思想家は、人間についての哲学的問題を解決するために、思考実験としていくつもの「禁断の」あるいは「危険な」実験を考え出した。これらについては、以下の本を参照。Douthwaite, J. V. (2002) *The wild girl, natural man, and the monster: Dangerous experiments in the age of enlightenment.* Chicago: The University of Chicago Press.

この時代の多くの哲学者の関心を呼んだ問題に「モリヌー問題」と呼ばれる有名な思考実験がある。これは、発達初期における感覚経験の剥奪の問題である。もし生まれた時から目が見えず触覚だけでものがわかるように成長した人がいわゆる「開眼手術」を受け、目が見えるようになったなら、最初に見たものを触らずにそれだと認識できるだろうか？ イギリスのロックやバークリーなどの経験論の哲学者は、その人はそれまで触覚と視覚とを結びつけるという経験を一度ももったことがないのだから、視覚だけでは両者を区別できるはずがないと考えた。フランスでは、ディドロが『盲人書簡』のなかでこの問題をあつかった。

実験心理学の誕生以降、このモリヌー問題については実証的研究が行なわれるようになった。現在の実験心理学から見ると、この問題は、ロックやバークリーが考えたようには単純に考えることはできない。これについては、以下の文献を参照のこと。Morgan, M. J. (1977) *Molyneux's question: Vision, touch and the philosophy of perception.* Cambridge: Cambridge University Press. 鳥居修晃・望月登志子（２０００）『先天盲開眼者の視覚世界』東京大学出版会。ダイジェストの解説として、鈴木光太郎（２０１５）「形の哲学――心理学から見たモリヌー問題」。座小田豊・栗原隆編『生の倫理と世界の論理』東北大学出版会、１０１-１２０。

註81 1950年代後半から60年代にかけて、アメリカの心理学者、ハリー・ハーロウは、人間ではできないこの「禁断の実験」をサルで行なった。アカゲザルの赤ん坊は通常なら母親のもとで2年から3年を過ごす（性的成熟は5年から6年）が、そのような生育環境を奪ってしまった場合、子ザルはどのようになってしまうかを調べたのである。

アカゲザルの新生児を母親からも仲間からも隔離し、哺乳瓶でミルクを与えたりする以外は、人間の飼育者も関わらない形で、すなわち「完全隔離」の状態を3カ月、半年、あるいは2年間続けた。その後、仲間と一緒にして正常な飼育条件に戻してやると、彼らはどのような行動の特徴を示しただろうか？

生後2年間完全隔離されたサルの場合、結果は悲劇的だった。仲間のいる通常の環境に戻されても、正常な社会行動をとることができなかった。遊ぶことはなかったし、ほかのサルから攻撃されても防御行動をとらず、成熟しても性行動がとれなかった。隔離が1年の場合も、仲間と多少遊びはするものの、ほかは正常な行動をとれなかった。ただ、生後3カ月の隔離であれば、通常の環境に戻されたあとは、ほぼ正常な行動がとれるようになった。このように、完全隔離が半年以上におよぶと、社会行動の発達が決定的に損なわれることが示されたのである。

ハーロウは、母親しかいずに育つ条件と、母親なしで同年齢の仲間のサル3頭と育つ条件も設けている。母親がいなくとも、仲間と一緒に育つ場合には、右記の3つの行動指標は正常だったのに対し、母親だけで育った場合には、防御行動は正常、遊びもある程度見られたが、性行動はとれなかった。このことは、おとなになって正常な社会行動をとるようになるためには、母親だけでなく、それ以外の仲間という社会的刺激も必要だということを示している。

ハーロウの研究は「代理母親」の実験がよく知られているが、ここに紹介した完全隔離実験のほうは、倫理的な問題があるという理由からなのか、現在では教科書に載ることはめったにない。しかし、その実験結果はきわめて重要なことを示唆している。かりに人間の子どもを同じような実験状況においたとすると、似たような悲劇的な結果が得られるのは間違いない。

サルの完全隔離飼育実験については以下の文献を参照。Harlow, H. F. & Harlow, M. K. (1962) Social deprivation in monkeys. *Scientific American*, 207(5), 136-146. ハーロウの研究全体については、次の本が参考になる。Blum, D. (2011) *Love at Goon Park: Harry Harlow and the science of affection*. New York: Basic Books.（ブラム『愛を科学で測った男

―異端の心理学者ハリー・ハーロウとサル実験の真実』藤澤隆史・藤澤玲子訳、白揚社、２０１４）

註82 最初に野生児が自閉症的な特徴をもつことを指摘したのはブルーノ・ベッテルハイムだが、その分析はおもにインドのオオカミ少女についてなされていた。拙著『オオカミ少女はいなかった』（新曜社、２００８、ちくま文庫、２０１５）で示したように、インドのオオカミ少女の話は、彼女たちを養育したと主張するシング牧師の捏造である。ただし、ベッテルハイムは、その論文のなかでは、ヴィクトールを精神遅滞の子どもだとして、自閉症児という解釈はとっていない。Bettelheim, B. (1959) Feral children and autistic children. *American Journal of Sociology*, 64, 455-467. ヴィクトールが自閉症児であるというウタ・フリスの主張は以下を参照。Frith, U. (2003) *Autism: Explaining the enigma*, 2nd edition. London: Blackwell.（フリス『新訂 自閉症の謎を解き明かす』冨田真紀・清水康夫・鈴木玲子訳、東京書籍、２００９）

註83 Lane (1976); Gayral, L., Chabbert, P., & Baillard-Citeau, H. (1972) Les premières observations de l'enfant sauvage de Lacaune (dit 'Victor' ou 'Le Sauvage de l'Aveyron') : Nouveaux documents. *Annales médico-psychologiques*, 130, 2 (4), 465-490.

註84 Frith (2003)

註85 イタールの第二報告には次のようにある。「木材を鋸で挽く仕事をさせると、鋸が深く入れば入るほど一生懸命になり、切り終わる瞬間には、異常なほどの喜びを示した」。

註86 ３章で紹介したように、ヴィクトールに単語を見せ、それが示すものを別の部屋からとってこさせるという実験手続き（実験者がいない状況で選択肢を選ぶという「盲検法」が用いられている）は、今世紀に入ってイヌで用いられ、驚くような発見をもたらした。ドイツでは、リコという名のボーダーコリーが２５０語、アメリカではチェイサーという名のボーダーコリーが１０００語を習得していることが明らかになった。彼らの出来に比べると、ヴィクトールの出来は見劣りするが、ヴィクトールは、同時に４つの単語を示されても、その４つをもってくることができた。短期記憶（あるいはワーキングメモリー）の容量を試すこうしたテストは、リコやチェイサーでは行なわれていない。リコとチェイサーについては以下を参照。Kaminski, J., Call, J. & Fischer, J. (2004) Word learning in a domestic dog: Evidence for "fast mapping". *Science*, 304, 1682-1683; Pilley, J. & Reid, A. K. (2010) Border collie comprehends object names as verbal references. *Behavioural Processes*, 86, 184-195.

註87 Chomsky, N. (1965) *Aspects of the theory of syntax*. Cambridge, MA: MIT Press.（チョムスキー『統辞理論の諸相——方法論的序説』福井直樹・辻子美保子訳、岩波文庫、２０１７。ただし1章部分の訳）チョムスキーは、人間がどんな言語にも対応可能な一種の「言語獲得装置」をもって生まれてくると考えた。

註88 人間の言語習得によく似ているのは、鳥の歌《ソング》の習得であり、これにも臨界期がある。ウグイス、シジュウカラやキンカチョウなど、鳴禽類《めいきんるい》の鳥は、種特有の歌（「さえずり」ともいう）を歌う。歌うのはおとなのオスである。おとなのオス以外も鳴きはするが、これは「地鳴き」と呼ばれ、歌のように習得する必要はない（かりに耳が聞こえなくとも、鳴くことができる）。これに対して、歌は、成熟したオスがメスに求愛する時に、また自分のなわばりを宣言する時に歌われる。メスは、美しく歌えるオスを好むので、オスにとっては美しく歌えるようになることが子孫を残す上で必須になる。

歌は、発達の過程で覚える必要がある。頻繁に聞こえてくる歌（通常は、まわりにいる自分と同じ種のオスが歌う歌）を記憶して、成熟してから、それを手本にして、自分の鳴き方を整えてゆく。この記憶する時期には臨界期がある。たとえば、ゼブラフィンチの場合、孵化後25日から60日あたりである（彼らの成熟は孵化後90日頃だ）。この時期を逃すと（たとえばこの期間、隔離して無音の環境で育てたりすると）、歌はうまく習得できない。逆に、この期間に、ほかの種類の鳥の歌だけをたえず聞かせると、成熟してからは、聞かされたのに近い歌を歌うようになる。

このように、鳴禽類の鳥では、どのような歌を習得するかは、臨界期に聞く歌によって決まる。人間の言語の習得では臨界期にしだいに言語野（言語中枢）ができあがってゆくのと同じように、彼らの場合も、歌中枢が脳のなかにできあがってゆく。

鳥の歌の習得については以下の本や文献が詳しい。小西正一（１９９４）『小鳥はなぜ歌うのか』岩波新書。岡ノ谷一夫（２００３）『小鳥の歌からヒトの言葉へ』岩波科学ライブラリー。Konishi, M. (2004) The role of auditory feedback in birdsong. *Annals of the New York Academy of Sciences*, 1016, 463-475.

註89 Lenneberg, E.H. (1967) *Biological foundations of language*. New York: Wiley & Sons.（レネバーグ『言語の生物学的基礎』佐藤方哉・神尾昭雄訳、大修館書店、１９７４）臨界期仮説はその後、進化心理学者のスティーヴン・ピンカーに

よって、説得力をもつ仮説として見事なまでに化粧直しされた。ピンカー流のメタファーを用いると、人間には言語習得のプログラムが生まれながらに（遺伝的に）備わっているが、そのプログラムの有効期限が12歳頃（思春期）であり、その時期を過ぎてしまうと、プログラムは失効してしまう。Pinker, S.（1994）*The language instinct.* New York: Harper Collins.（ピンカー『言語を生みだす本能』椋田直子訳、NHKブックス、１９９５）

註90 一方では、これと時を同じくして、大型類人猿にヒトの言語を習得させる心理学実験も始まっていた。１９６７年、ガードナー夫妻がワシューという名のチンパンジーで手話の訓練を始め、翌６８年にはプレマック夫妻が、サラという名のチンパンジーにプラスチック片の記号言語を教え始めていた。これらの研究の成果が、チョムスキーの仮説やレネバーグの仮説になんらかの示唆を与える可能性が期待されていた。

これらを皮切りに、いくつもの研究が行なわれたが、習得の臨界期という点では、スー・サヴェージ＝ランボーの研究が示唆的である。１９８０年代初め、サヴェージ＝ランボーは、レキシグラムという記号言語を用い、カンジという名のボノボ（ピグミー・チンパンジー）に数百の記号を覚えさせ、それらを用いてコミュニケーションをとらせることに成功した。実はカンジは、母親が育児放棄をしたため、マタタという名の養母に育てられた。サヴェージ＝ランボーは、育児中のこのマタタにレキシグラムを習得させようとしたが、２年間の訓練の末６つの記号をなんとか使える程度にしかならなかった。ところが驚いたことに、つねにマタタのそばにいた子どものカンジが、マタタから離されたその日から、自分からレキシグラムを用いて人間とコミュニケーションをするようになった。すなわち、ある程度年齢のいった養母がレキシグラムをほとんど習得できず、幼いカンジが自然にかつ容易に（訓練を受ける養母のそばにいただけで）習得できたのである。この結果は、その習得に臨界期があることを推測させる。これについては、以下の本を参照。Savage-Rumbaugh, S. & Lewin, R.（1994）*Kanzi: The ape at the brink of the human mind.* New York: Wiley.（サベージ＝ランバウ＆ルーウィン『人と話すサル「カンジ」』石館康平訳、講談社、１９９７）

註91 Rymer, R.（1993）*Genie: A scientific tragedy.* New York: Harper Collins.（ライマー『隔絶された少女の記録』片山陽子訳、晶文社、１９９５）

註92 ジニー（Genie）は「天才」、ヴィクトール（Victor）は「勝利者」。希望と期待を込めての命名かもしれないが、見

方によっては相当皮肉な名前である。ただし、スーザン・カーティスは、ジニーがイスラームの精霊（jinn）を指す英語 genie からとった名前だとして、これを否定している。

註93 実際のジニーがどうだったかという映像は YouTube で見ることができる。Genie と feral child で検索していただくとよい。なお、ジニーのケースは２００１年に映画化されている。ハリー・ブロムリー・ダヴェンポート監督、*Mockingbird don't sing*（マネシツグミは歌わない）である。ただし、日本では公開されなかった。

註94 この研究チームには、「感覚遮断」研究のエキスパート、オクラホマ大学の心理学者ジェイ・シャーリーも参加していた。それは、感覚遮断の実験状況がまさにこの「禁断の実験」状況そのものだったからだ。

１９５０年代から６０年代にかけて、「感覚遮断」の実験が、世界各地のいくつもの大学や研究所（有名なのはカナダのマギル大学やアメリカのプリンストン大学の研究）で行なわれた。これは、視覚や聴覚や触覚など、感覚の刺激情報が入ってこないと（あるいは極端に減ってしまうと）、人間はどうなってしまうか――脳はどのような状態になるか、なにを感じ、なにを体験するようになるのか、そもそもそうした状態に耐えることができるのか――を明らかにするための研究だった。実験状況は、刺激入力のない場所にひとりで居続けることになるので、必然的に社会的隔離も伴っていた。これは、宇宙時代の幕開けの頃だったこともあって、宇宙船や潜水艦などのような閉塞空間で感覚刺激が縮減された状況のシミュレーション状況を作り、その状況のなかで人間はどうなるのかを見るという目的があった。人間をこのような状況におくと、その人間は暗示にかかりやすくなり、「洗脳」に使えるという指摘もあった（時はまさに冷戦の時代だった）。その結果、通常はこうした感覚遮断の状況には耐えられない（耐えられる人でも数日でギヴアップしてしまう）こと、思考するのが難しくなること、幻覚を頻繁に体験するようになる、などのことがわかった。

シャーリーの方法は、防音された実験室内で、体温に近い温度の液体（水やナトリウム液）のなかに被験者を入れるというものだった。この方法は「タンキング」と呼ばれ、その装置は「アイソレーション・タンク」と呼ばれた。

感覚遮断実験については、以下の文献を参照。Zubek, J. P. (ed.) (1969) *Sensory deprivation: Fifteen years of research.* New York: Appleton-Century-Crofts. 鈴木光太郎（２０１４）「感覚刺激を遮断する――心と脳についてわかること」。栗原隆編『感性学――触れ合う心・感じる身体』東北大学出版会、３－26。

註95 Curtiss, S. (1977) *Genie: A psycholinguistic study of a modern-day "wild child"*. New York: Academic Press.（カーチス『ことばを知らなかった少女ジーニー――精神言語学研究の記録』久保田競・藤永安生訳、築地書館、１９９２）この著書のなかで、カーティスは、ジニーが多少の文法を習得したと結論づけた。しかし、その15年後に出た邦訳書に添えられた「日本語版への序」では、その後再考してみた結果、文法的な能力はまったく身についていなかったと、結論を撤回している。

註96 とはいえ、ジニーの兄はその後家に戻され、ジニーのように拘禁はされなかったものの、父親からはたえず虐待と暴力を受けた。これについては以下の記事を参照。James, S. D. (2008) Raised by a tyrant, suffering a sibling's abuse. *ABC News*. 18 May. (https://abcnews.go.com/Health/story?id=4873347&page=1) この兄は２０１１年に亡くなった。

註97 １９７２年、日本で、ジニーと同じく完全な社会的隔離状態にあった6歳と5歳の姉弟が発見・保護されたことがある。発見当時、２人の身長・体重は長期の栄養不良のせいで1歳半の水準しかなく、発話も弟はゼロ、姉も3語程度でしかなかった。しかし、心理学者の藤永保らの研究チームの献身的な努力によって、２人は身体や運動の発達の遅れを急速に取り戻し、新たな保護者との間に愛着関係を築くことによって、言語発達や知的・社会的・感情的発達の遅れも取り戻した。ジニーと違うのは、言語習得の臨界期を過ぎていなかったということがあるが、重要なのは、やり方しだいで、言語の能力のみならず、ほかの能力の発達の遅れも取り戻すことが可能だということである。詳しくは次の本を参照。藤永保・斎賀久敬・春日喬・内田伸子（１９８７）『人間発達と初期環境――初期環境の貧困に基づく発達遅滞児の長期追跡研究』有斐閣。

註98 Rymer (1993)

終章

註99 イタールの役を演じるほど、トリュフォーに思い入れがあったのは、彼自身の生い立ちが関係している。彼はすさんだ家庭で育ち、親から捨てられ、非行に走った。しかしこの時に映画に興味をもち、映画評論家のアンドレ・バザンに目をかけてもらうのである。これを機に、彼は更生し、映画の道に邁進する。バザンは彼にとって親代わりでもあり、そし

て先生でもあった。トリュフォーは、自分とバザンの関係をヴィクトールとイタールの関係に重ね合わせていた。山田宏一（2002）『トリュフォー、ある映画的人生』（平凡社ライブラリー）を参照。

註100 ヘレン・ケラーは、すでに舞台劇としてあったウィリアム・ギブソン（同名のSF作家とは別人）の『奇跡の人』の映画化を許可した。ヘレンとその先生のサリヴァンのことを描いたこの劇は1958年に初演され、ロングランになっていた。映画のほうは、アーサー・ペン監督、アン・バンクロフト、パティ・デューク主演。1962年度のアカデミー賞2部門を受賞した。

ここで思考実験。トリュフォーがヘレンとサリヴァンをテーマに映画を撮っていたら、どんな映画になっていただろうか？　逆に、トリュフォーが『野性の少年』を撮らなかったら、私たちの抱くヴィクトールやイタールのイメージはどうなっていただろうか？

註101 映画『野性の少年』の冒頭では、「これは実話である」というテロップ（スーパー）が入る。もちろん、多少の脚色はあるという意味である。トリュフォー自身も、ほかのところで、実話にもとづくフィクションだと言っている。この映画がイタールの記録をそっくりそのまま再現していると思っている人向けに、大きく違っている点を3つほど記しておく。1点目。映画では、イタールがアヴェロンの野生児のことを報じる新聞記事を読んで興味を掻き立てられ、彼をパリに呼び寄せるよう依頼の手紙を書く。そうではない。2点目。ピネルとイタールが一緒にヴィクトールを迎え、一緒に彼の診断をしたことになっている（図13参照）。そうではない。3点目。イタールがヴィクトールを聾唖学校においておくのではなく、田園にある自宅に連れてゆき、そこで教育したように描かれている。そうではない。

註102 童話（たとえばペローやグリムの童話）が子ども向けになると、毒抜きされるのと同じである。以下はよく読まれている絵本や物語。Gerstein, M.（1999）*L'Enfant sauvage*. Paris: Archimède; Delval, M.-H. & Goerg, S.（2017）*Victor, l'enfant sauvage*. Paris: Bayard Éditions; Losure, M.（2013）*Wild boy: The real life of the savage of Aveyron*. Somerville, M. A.: Candlewick Press.

註103 イタールの第二報告には、ゲラン夫人の夫の死についての記述がある。この報告には、10歳か11歳ぐらいのジュリーという娘がいて、この娘が日曜ごとに彼女のところに来るという記述もある。1801年当時、ゲラン夫人が40歳ぐらい

だったというのはロジャー・シャタックの推測。

註104 とはいえ、『レ・ミゼラブル』のなかに、それらしき記述があるという指摘がある。浮浪児ガヴロッシュが廃墟と化した修道院跡で虫や動物と戯れるくだりである。引用してみよう。

物語にでも出てきそうな怪物もいる。そいつは、腹に鱗《うろこ》があるが、トカゲではなく、背中に疣《いぼ》があるが、ヒキガエルではなく、古い石炭窯や干上がった下水溜めの穴のなかに住み、黒くて、毛むくじゃらで、ねばねばし、時にはゆっくり、時には早く這いずり回り、鳴き声もたてずに、じっと見つめる姿は、これまでだれも見たことがないような恐ろしいものだった。ガヴロッシュはそいつを「つんぼ」と呼んでいた。そいつを石の間から見つけ出すのは、スリル満点でおもしろかった。

私には、ユゴーがヴィクトールを念頭においてこれを書いているようには、どうしても読めない。いずれにしても、ヴィクトールとわかる直接的な書き方をしていないかぎり、彼のことを書いていると断定するのは難しいと思う。

あとがき

謎解きのおもしろさに取り憑かれてしまった。

事は5年半前にさかのぼる。「アヴェロンの野生児」には、有名なイタールの報告のほかにボナテールの報告があることは以前から知っていた。このボナテールの報告はほとんど注目されることがなく、そのことを残念に思い、この報告とその著者のボナテールについての小論を書くことにした（註14参照）。ところが、関連文献を読み進めてゆくと、この野生児事件についてさまざまな疑問が浮かんできた。これは意外だった。「アヴェロンの野生児」は歴史的事件として決着済みと思っていたからである。

些細な疑問も含め、それらをリストアップしてみると、100あまりになった。そこで本腰を入れて、それらの疑問をひとつひとつ潰してゆくことにした。すると、予想もしていなかった事実が次々と明らかになり始め、しだいにそれらがつながり出した。その結果、これまで知られていた「アヴェロンの野生児」とはかなり異なる実像が浮かび上がってきた。それは、本書で述べたように、イタールの報告やトリュフォーの映画だけに閉じていては見えてくることのなかった「アヴェロンの野生児」という歴史的事件の別の顔である。

とはいえ、200年以上もまえに起こった出来事を、原資料にあたり現地にも赴きながら、頭のなかで再現してみるという作業は、私のもてる力の200%が必要だった。100%以上の増分を得て、この試みが途中で挫折しなかったのは、ひとえに次の方々の協力と援助のおかげである。クロード・プティ氏（アヴェロン県立文書館）、アラン・ヴァンチュリーニ氏（アヴェロン県立文書館）、ピエール・ランソン氏（アヴェロン文芸・科学・芸術協会）、ティモテ・ボルドナーヴ氏（パリ国立聾学校）、ジャン＝フランソワ・ドルティエ氏（『人間科学』誌編集長）、イーエン・メギール氏（新潟青陵大学）、ティエリ・ジネスト氏（精神科医、精神医学史家）。とくに「アヴェロンの野生児」研究の第一人者であるジネスト氏には、新たな資料を提供していただいただけでなく、いくつもの問題について時間を割いて議論していただいた。以上の方々に感謝申し上げる。なお、調査の過程では、JSPS科研費（16K13469）の助成も受けた。

新曜社の塩浦暲氏には、昨年の3月に本書のシノプシスを送り、ゴーサインをいただいた。いつもは長くお待たせするのに、今回は、謎解きの楽しさも加わり、年内に原稿が仕上がった。丁寧に編集していただいた塩浦氏に感謝申し上げる。

2019年4月

鈴木光太郎

著者紹介

鈴木光太郎（すずき　こうたろう）

東京大学大学院人文科学研究科博士課程中退。元新潟大学教授。専門は実験心理学。
著書に『動物は世界をどう見るか』（新曜社）、『オオカミ少女はいなかった』（新曜社）、『ヒトの心はどう進化したのか』（筑摩書房）、*De quelques mythes en psychologie*（Éditions du Seuil）など。訳書にブラウン『ヒューマン・ユニヴァーサルズ』、プレマック＆プレマック『心の発生と進化』、ウィンストン『人間の本能』、テイラー『われらはチンパンジーにあらず』、ドルティエ『ヒト、この奇妙な動物』（以上新曜社）、ベリング『ヒトはなぜ神を信じるのか』、ベリング『なぜペニスはそんな形なのか』、グラッセ『キリンの一撃』（以上化学同人）、ボイヤー『神はなぜいるのか？』（NTT出版）などがある。

新曜社　**謎解き　アヴェロンの野生児**

初版第1刷発行　2019年6月5日

著　者　鈴木光太郎
発行者　塩浦　暲
発行所　株式会社　新曜社
〒101-0051　東京都千代田区神田神保町3-9
電話（03）3264-4973（代）・FAX（03）3239-2958
e-mail：info@shin-yo-sha.co.jp
URL：https://www.shin-yo-sha.co.jp/
組版所　星野精版印刷
印　刷　星野精版印刷
製　本　積信堂

ISBN978-4-7885-1636-6 C1011